改訂版

はじめての憲法

平野　武
片山智彦　著
奥野恒久

晃洋書房

は し が き

　『はじめての憲法』を出版して，すでに7年が経過し，この間，新しい問題が次々と発生している．最近の社会状況の変化は激しく，憲法をめぐる議論も進展し裁判所の憲法判例も多く出されている．これらに対応して，今回，若干の補正と削除を行うこととした．

　本書のコンセプトは，大学等で憲法（学）を初めて学ぶ人のための入門書として，憲法の内容や憲法をめぐる問題等を平易にコンパクトに説明することである．本書では日本国憲法の基本原理を解説すると同時にできるだけ具体的な事例に触れながら，憲法をめぐって生じている種々の問題を紹介しようと試みた．そのような方法をとったのは，その方が憲法を身近に感じてもらえると考えたからである．

　具体的な憲法問題といってもさまざまなレベルのものがある．日本国憲法は司法権による違憲法令審査制度を採用している．今日では最高裁をはじめ裁判所による憲法判断が集積されている．本書ではそのような憲法判例の中から重要なものを可能な限りとりあげて紹介している．これらについて学ぶことによって，法的思考に親しんでもらえれば幸いである．とはいっても紙幅の関係で憲法判例については要点のみの紹介にとどまらざるをえない．現在ではウエッブ上でこれらの判決に当たることができるので，関心のある人はぜひ判決の全文に当たっていただきたいと思う．

　近代憲法は，憲法に人権保障とそのための統治の機構・原理を規定することを求めている．日本国憲法は，人権保障と並んで天皇，国会，内閣，裁判所等の国の機関の地位や権限，また，平和主義，地方自治の本旨などの統治の原理を規定している．もちろん民主的な統治の原理の根底として主権が国民にあることも宣言している．いわゆる権力分立も日本国憲法の構成原理となっていることもいうまでもない．本書では人権保障に関する説明に比重がかかっているが，それは統治の機構や原理は結局のところ人権保障のためにあると理解できるからである．本書では国民主権に関しては参政権や情報公開の問題として，

違憲審査制については人権救済のシステムとしてかなり詳しく述べているし，平和主義の問題も平和的生存権としてとりあげているので，それらを通じて統治の機構・原理についても学んでいただけるものと考えている．

　そもそも近代憲法の基礎にある立憲主義は，基本的に国家権力を抑制・制約するものである．近代憲法は国家権力に対する不信を前提にしているのである．もちろん現代国家における憲法は，貧困問題の解決や格差の是正のために国家の積極的行為が必要なことも想定している．しかしそのことを理由に憲法の権力抑制機能を軽視してはならないであろう．権力者が自己のために憲法上の制約を縮減することは立憲主義に危機をもたらすであろう．そのことに思いを致しながら本書を読んでいただければ幸いである．

　2018年3月

　　　　　　　　　　　　　　　　　　　　　　　　　　著者一同

凡　　例

民集…………最高裁判所民事判例集

刑集…………最高裁判所刑事判例集

高刑集………高等裁判所刑事判例集

下刑集………下級裁判所刑事裁判例集

判時…………判例時報

判タ…………判例タイムズ

その他は一般的例に従った．

目　次

はしがき

第 1 章　憲法の意義と歴史 …………………………………… *1*
1　憲法の意義と目的 …………………………………… *1*
(1) 憲法の語義(*1*)　(2) 近代的意味における憲法(*2*)
(3) 憲法の改正とその限界(*2*)
2　人権の歴史 …………………………………………… *3*
(1) 人権思想の源流(*3*)　(2) 市民革命と人権宣言(*5*)
3　近代憲法の発展と変容 ……………………………… *6*
(1) 消極国家から積極国家へ(*6*)　(2) 戦後の憲法(*9*)
4　明治憲法と日本国憲法 ……………………………… *10*
(1) 明治憲法の制定(*10*)　(2) 日本国憲法の制定(*12*)
(3) 日本国憲法における基本的人権の保障(*13*)　(4) 人権の国際的保障(*16*)

第 2 章　人権の享有と限界 …………………………………… *18*
1　人権の享有主体 ……………………………………… *18*
(1) 誰の人権が保障されるのか(*18*)　(2) 人権の妥当範囲(*22*)
2　人権と公共の福祉 …………………………………… *27*
(1) 公共の福祉による人権の制限(*27*)　(2) 現代国家における公共の福祉(*29*)

第 3 章　個人の尊重と包括的人権 …………………………… *30*
1　個人の尊重と幸福追求権 …………………………… *30*
(1) 憲法13条について(*30*)　(2) 個人の尊重と幸福追求権に関する裁判例(*32*)
2　プライバシーの権利と自己決定権 ………………… *33*

(1)　プライバシーの権利(33)　　(2)　判例の展開(37)　　(3)　私事と自己決定権(40)　　(4)　生命, 健康に関する自己決定権(41)
　3　環　境　権 ……………………………………………………… 43
　　　(1)　公害と環境権(43)　　(2)　環境保護法制(44)

第 4 章　法の下の平等 …………………………………………… 47
　1　法の下の平等の意味 ………………………………………… 47
　　　(1)　平等の観念の歴史(47)　　(2)　法の下の平等(48)
　2　法の下の平等をめぐる判例 ………………………………… 50
　　　(1)　違憲審査の基準(50)　　(2)　尊属殺重罰規定違憲判決(51)
　　　(3)　主要な判例(52)

第 5 章　自　由　権 ……………………………………………… 56
　1　精神的自由権 ………………………………………………… 56
　　　(1)　思想・良心の自由(56)　　(2)　信教の自由と政教分離原則(58)　　(3)　学問の自由(63)　　(4)　表現の自由(65)
　2　経済的自由 …………………………………………………… 74
　　　(1)　経済的自由の意義と限界(74)　　(2)　経済的自由をめぐる判例(78)
　3　人身の自由 …………………………………………………… 82
　　　(1)　人身の自由と適正手続(82)　　(2)　被疑者の権利(85)
　　　(3)　拷問および残虐刑の禁止(87)　　(4)　被告人の権利(88)
　　　(5)　刑事補償(91)

第 6 章　社　会　権 ……………………………………………… 92
　1　生　存　権 …………………………………………………… 92
　　　(1)　生存権の意義(92)　　(2)　生存権の法的性格(93)　　(3)　生存権の内容(96)
　2　教育を受ける権利 …………………………………………… 98
　　　(1)　教育を受ける権利の意義(98)　　(2)　教育を受ける権利の法的性格(99)　　(3)　教育を受ける権利の内容(99)

(4)　教　育　権(*100*)　　(5)　教育を受けさせる義務(*101*)
　　　(6)　義務教育の無償(*101*)
　3　労　働　権 …………………………………………………………… *102*
　　　(1)　労働権の法的性格(*102*)　　(2)　労働権の内容(*103*)
　　　(3)　労働条件の法定(*104*)　　(4)　児童の酷使の禁止(*104*)
　　　(5)　勤労の義務(*104*)
　4　労働基本権 …………………………………………………………… *104*
　　　(1)　労働基本権の意義(*104*)　　(2)　労働基本権の内容(*105*)
　　　(3)　団　結　権(*106*)　　(4)　団体交渉権(*107*)　　(5)　団体行動
　　権（争議権）(*107*)　　(6)　労働基本権の制限(*108*)　　(7)　労働
　　基本権の制限の合憲性(*109*)

第7章　国民主権と政治参加 ……………………………………… *112*
　1　国民主権原理 ………………………………………………………… *112*
　　　(1)　国民主権の意味(*112*)　　(2)　日本国憲法における国民主権
　　原理(*113*)　　(3)　象徴天皇制(*115*)
　2　政治参加の権利 ……………………………………………………… *119*
　　　(1)　政治参加の諸形態(*119*)　　(2)　選挙権と選挙の原則(*123*)
　　　(3)　選挙にかかわる諸問題(*127*)
　3　国民の政治参加と統治機構 ………………………………………… *132*

第8章　司法制度と裁判を受ける権利 ………………………… *135*
　1　憲法と司法制度 ……………………………………………………… *135*
　　　(1)　裁判所と裁判官(*135*)　　(2)　司法権(*136*)
　2　司法制度と国民の権利 ……………………………………………… *138*
　　　(1)　裁判を受ける権利(*138*)　　(2)　国家賠償請求権(*144*)
　　　(3)　刑事補償請求権(*148*)

第9章　平和主義と平和的生存権 ………………………………… *152*
　1　日本国憲法の平和主義 ……………………………………………… *152*
　　　(1)　日本国憲法の平和主義の意義(*152*)　　(2)　平和的生存権

　　　　(*153*)　(3)　憲法9条の法理(*155*)　(4)　憲法9条をめぐる裁判(*157*)
　2　平和主義の現状 …………………………………………… *159*

第10章　憲 法 保 障——違憲審査制—— …………………… *164*
　1　憲法の保障 ………………………………………………… *164*
　　(1)　憲法保障の意義(*164*)　(2)　抵抗権と国家緊急権(*165*)
　2　違憲審査制 ………………………………………………… *166*
　　(1)　違憲審査制の意義(*166*)　(2)　違憲審査制の性格(*167*)
　　(3)　司法消極主義と司法積極主義(*168*)　(4)　違憲審査の主体(*168*)
　　(5)　違憲審査の対象(*169*)　(6)　違憲審査の手続(*171*)
　　(7)　違憲審査の基準(*176*)　(8)　憲法判断の方法(*177*)
　　(9)　違憲判決の効力(*180*)　(10)　憲法判例の拘束力(*181*)

資　　料

第1章　憲法の意義と歴史

1　憲法の意義と目的

（1）　憲法の語義

国家の基本法規　今日，憲法という語は，国家の基本法を意味するものとして用いられている．それは国家の根本的な組織，作用を定める法規範という意味であり，実質的意味においては，国会法，内閣法，裁判所法等の国家の基盤に関する法規範を含む．形式的意味においては，憲法典（日本の場合は日本国憲法）を指す．

　憲法は，国家機関の活動に法的根拠を与え，正当化すると同時にその権限，権力の限界を定める．国家の意思の形成と権力の発動があらかじめ定められた法にしたがって行われることは，どのような場合に個人の自由と権利が制限されるかを予測しうることにもなる．国家権力発動の恣意性を排除し，合理的で予測可能なものにする重要な手段が憲法といえる．

　そのような憲法という語は，constitutionの訳語として明治初期に採用された（最初に憲法という訳語をあてたのは，箕作麟祥だといわれている）．当時，政府周辺では政体，政典，政憲，国憲，建国法等の言葉も使用されていた．政府に対抗して自由民権運動の中でつくられた民間の憲法草案（いわゆる私擬憲法草案）においても事情は同様である．憲法という語が定着したのは，明治10年代半ば以降と考えられる．

国家の最高法規　憲法という言葉には，国家の最高法規としての意味もある．憲法は国家の基本法であるが，同時にその国家の法体系の中で最高の地位にあるものと理解されている．憲法は，法律（国会すなわち国の議会が制定する法の形式を法律という）を超える法である．日本国憲法も「この憲法は，国の最高

法規であって、その条項に反する法律、命令、詔勅及び国務に関するその他の行為の全部又は一部は、その効力を有しない。」(98条) とうたっている。

　憲法が最高法規であることを維持し、憲法秩序を保障するためには、違憲の行為を排除しなければならない。もし、法令等が違憲であると考えられる場合は、それを無効とするシステムが考えられなければならない。後述するように、日本国憲法では、司法権の違憲審査制が採用されているが、それは憲法保障の1つの方法である。

（2）　近代的意味における憲法

　憲法は、国家の基本法である以上、国家が存在する限り、いつの時代にも存在していたといえる。しかし、「憲法」という語は、近代市民革命を迎えて特別の意味をもつようになった。憲法の目的は人権を保障することであり、そのための国家の仕組みを定め、国家権力を制御することであるとの認識がもたれるようになり、憲法には人権保障とそのための国家の機構、統治の原理が含まれていなければならないと解せられるようになった。近代的な意味における憲法や立憲主義という言葉は、上記のような理解にもとづく一定の価値が込められるようになったのである。

　立憲主義は、元来、権力は腐敗し、悪をなすことがあるという考え方に基礎を置いている。憲法や憲法にもとづく政治の実現（立憲政治）が語られる時、そこでいう憲法はどのようなものでもよいのではなく、上記のような一定の意味内容をもつものであることを理解しなければならない。このような「近代的意味における憲法」は、多くの場合、憲法典という形で成文法化された。

（3）　憲法の改正とその限界

　憲法は、法律に比べると改正されることはあまりない（日本国憲法は制定後一度も改正されていない）。国家の基本法であることから改正について厳格な手続きを要求していることがあるが、これらの憲法を一般に硬性憲法という。

　日本国憲法は、96条1項において「この憲法の改正は、各議院の総議員の三分の二以上の賛成で、国会が、これを発議し、国民に提案してその承認を経なければならない。この承認には、特別の国民投票又は国会の定める選挙の際行

われる投票において，その過半数の賛成を必要とする．」とする．憲法の改正を具体的に行うために「日本国憲法の改正手続に関する法律」が制定されている．この法律によれば，国民投票は，国会が憲法改正を発議した日から60日以降180日以内に行われる．満18歳以上の日本国民が，国民投票の投票権を有するとしていることも注目されよう．

以上の憲法改正手続き問題とは別に，憲法の内容上の改正の限界が議論される．憲法は，一定の基本的原理の上に成り立っており，その原理を超える改正が許されるのかという問題である．ここでいう基本原理とは，一般に国民主権，基本的人権の保障，平和主義等であるとされている．

2　人権の歴史

(1)　人権思想の源流

イギリスにおける自由　　人権という観念は，西洋において発展してきた．そして，その確保を目的とする近代的意義での憲法も西洋で成立した．西洋のなかでもイギリスがまずその重要な舞台となった．イギリスは，しばしば憲法政治の母国といわれる．議会制，議院内閣制という政治制度がイギリスに源を発しているからである．また，人権保障の点においてもイギリスは歴史的に先駆的な役割を果たしてきた．たとえば人権保障にかかわるもっとも古い文書として1215年に成立したマグナ・カルタ（Magna Carta，一般に大憲章と訳されている）があげられるが，これは今日でもイギリスの憲法の一部を構成している．

しかし，マグナ・カルタは，議会の同意によらない課税の禁止，同輩による裁判や法にもとづかない逮捕，監禁の禁止等を掲げているが，本来，君主の専制に対して封建的特権身分の自由（特権）を保障したものである．それにもかかわらず，それが今日イギリスの憲法の一部をなしているといわれるのは，マグナ・カルタがその後の歴史の中で，紆余曲折を経ながらも，しだいに一般の国民の自由を保障するように拡大解釈されてきたからである．17世紀になって成立した「権利の請願」（1628年）や「権利章典」（1689年）も基本的にはイギリス国民の古くからの権利を確認するものであり，人間が生まれながらに有している権利を宣言したものではなかった．

自然権思想　近代憲法が，その構成要素について近代以前の歴史から受けついだ一面がある（特にイギリスではそうである）ことは否定できないとしても，近代憲法が，封建的な思想と決別し，大きな転換をとげたことも認識しておかなければならない．そのような基本的転換をもたらした思想としては，自然権思想を忘れることはできない．マグナ・カルタもこの思想の影響のもとその意味が拡大・転換されて近代憲法とつながったのである．

自然権思想は，一般に人間は自然状態（社会や国家をつくる前）では自由であったと考える．そこから，すべて人間は本来的に自由であり，このような自由は不可侵であり譲り渡すことのできない永久のものであるとするのである．そのような自由を自然権というが，重要なことは，それらは国家や法律に先んじて存在するものであり，国家や法律はそのような自由を確保，保障するために存在するとされることである．

そのような思想は，アメリカの建国に際して実現された．たとえば1776年のヴァージニア権利章典は，「すべて人は，生来ひとしく自由かつ独立しており，一定の生来の権利を有する．これらの権利は，人民が社会を組織するにあたり，いかなる契約によっても，その子孫から奪うことができないものである．かかる権利とは，すなわち財産を取得・所有し，幸福と安全を追求獲得する手段を伴って，生命と自由を享受する権利である」としている．東部13州によるアメリカ独立宣言（1776年）も同趣である．また，フランス革命の中で発せられた人権宣言＝「人および市民の権利の宣言」（1789年）は，「あらゆる政治的団結の目的は，人の消滅することのない自然権を保全することである．これらの権利は，自由，所有，安全および圧政への抵抗である」とうたっている．

不可侵永久の権利　日本国憲法もこのような自然権思想にもとづく考え方を基本的に採用しているといえる．憲法11条は，「この憲法が国民に保障する基本的人権は，侵すことのできない永久の権利として，現在及び将来の国民に与へられる」と宣言する．97条も，「この憲法が保障する基本的人権は，人類の多年にわたる自由獲得の努力の成果であって，これらの権利は，過去幾多の試練に堪え，現在及び将来の国民に対し，侵すことのできない永久の権利として信託されたものである．」とするが，そこでは人類多年の努力と過去幾多の試練が強調されていることに留意すべきであろう．人権が憲法の中で保障され

るとすると，そのような人権を侵害する国家の行為や法律は違憲と判断され，排除されることになる．

（2） 市民革命と人権宣言

人権宣言と憲法　以上のような人権思想は，市民革命のイデオロギーとして大きな役割を果たし，絶対主義の圧政に対抗する武器となり，革命運動を担う人々を鼓舞した．それは，また，革命の進展の中で人権宣言や憲法の中に具体化された．これらは人間の自由を確認する文書であり，人間の生まれながらの身分による差別を廃し，絶対主義権力によって当時抑圧されていた思想・良心の自由，信仰の自由，言論・出版の自由などの人間の精神活動に関する自由，所有権の保障などの経済活動の自由，身体の自由等の保障をうたうものであった．市民革命の中で発せられた人権宣言は，世界に大きな影響を与えた．自由と人権を求める運動が各地に生まれていった．

人権保障と政治制度　以上のような人権を保障するために，国民の政治参加や権力分立（三権分立）が憲法に導入された．国民代表議会や独立した裁判所の存在は，人権保障のためには不可欠のものであると考えられた．このような近代立憲主義の理念は，人々の自由を最大限に尊重する点で多くの支持を得た．また，それは，すべての人を等しい価値をもつ人間ととらえる点で身分や民族を超える普遍性をもっていたので世界的に広がっていった．しかし，現実の政治制度の発達はかなりの差異があり，多様な展開を見せている．

たとえば，イギリスでは議会主権の観念が確立し，また，議院内閣制が発達したから，権力分立は表面にはあらわれてこない．むしろ議会が大きな力をもつ中で人々の自由を保障する仕組みが確立していった．一方，アメリカでは憲法の優位性の観念のもと，人権侵害に対して裁判所が救済のための積極的な役割を果たすべきであるとの考え方にもとづき，司法審査制（違憲審査制）を発達させていった．日本国憲法もこのような司法審査制を取り入れている．

3　近代憲法の発展と変容

(1) 消極国家から積極国家へ

近代憲法における国家像　近代市民革命は，封建的身分制から個人を解放し，社会進歩に大きな寄与をした．近代憲法は，それを確認する文書であった．それは，生まれによる束縛，身分制や古い共同体的規制を撤廃し，人間に自由をもたらした．個人は自由で独立した存在であり，自立した立場で対等に他者と種々の関係をむすびうるものと考えられた．その限りでは，たしかにすべての人は法の前に平等な存在でもあった．しかし，それは抽象的な人間を前提にしていたので，実際上の貧富の差や現実の差別等を無視しているとの批判がなされるようになる．

また，近代の立憲主義国家においては，君主の絶対的権力を排除し，政治の最終・最高の決定権が国民に存するという国民主権の原理が宣言されても，現実には選挙権を有する人は限られていたことも事実である（納税額や財産保有額にもとづく厳しい制限選挙制がとられた）．そこでは，議会が国民代表と位置づけられても，現実には，多くの人々は代表されないままであった（女性の選挙権も当然のように否定されていた）．そのような議会は，個々の選挙民の意思に左右されないで，議員の自由な討議，独立した判断でその意思を決定すべきものとされた．そのような議会は，実質上，財産と社会的地位をもつ人々（名望家）の利益を代表するところであったといえる．

近代憲法が前提にしている国家像は，一般に「消極国家」といわれるものであり，個人の自由を確保するために国家権力を抑制することが重要とされ，そのために憲法が必要であると考えられたのである．そこでは国家は，最小必要限度の役割（たとえば治安の維持——夜警国家）を果たせばよいのであり，それ以上のことはむしろ抑えるべきである，と考えられた．政府も可能な限り安あがりのもの（チープ・ガヴァメント）であるべきであり，経済のプロセスや人々の生活に干渉・介入すべきでない，との考え方が力をもったのである．経済活動は，放任しておけば自然と（神の見えざる手によって）うまく機能し，生産力も向上し，人々の生活も豊かになると信じられた．

ところで，近代の議会制は，すでに述べたように実質的には財産と社会的地位をもつ人々の代表であったから，そのような議会では，根本的な利益の対立はそこにはなかったといえる．議員たちは自己の良心と見識にもとづいて討論し，表決した．そのような議員を拘束するような厳格な規律をもった政党はあるべきではないとされたのである．

　しかし，選挙権が拡大し，従来排除されていた階層の人々が議会に代表を送るようになると，状況は変化し，議会の構成員の同質性は崩れるようになった．具体的には労働運動や社会運動の展開の中で，労働者等の利益を追求する政党が組織されるようになるが，これらの政党は，一定の価値観，世界観をもとに活動をするものであり，党議拘束のもと党員についての厳格な規律と統制を特徴とする．議会は，自由な討論と表決の場ではなくなり，政党ごとに集約され，拘束された意見の対立する場となった．議会は，政党の利益と主張がぶつかり合う場となったのである．

　議員個人の良心，見識にかわって政党が議会の意思形成を支配する国家を「政党国家」ということがある．今日，政党が国政に果たす役割を否定することはできない．よきにつけ，わるきにつけ，われわれはこのような状況を避けられないのである．

　近代憲法から現代憲法へ　　近代憲法は，個人を封建的身分制の拘束と共同体規制から解放し，個人の精神的自立と行動の自由を保障したから，社会は活性化した．また，経済上のさまざまの規制を撤廃し，私的所有権を保護し営業の自由を保障したから，生産力は増大し，経済的発展が進んだ．しかし，社会は現実にはやがて種々の問題に遭遇した．自由放任に任せられていた経済は時には混乱し，破綻（恐慌や失業）を見せ，国家は対応を迫られるようになった．

　すなわち，産業革命を経て社会の基本構造が大きく変化する中で大量の労働者階級が生みだされるが，かれらは労働力を売って生活する存在であり，まずは生きるためにしばしば劣悪な労働条件，低賃金等に苦しまなければならない状態に押しやられていた．資本主義の発展は，労働者やその家族を困窮化させ，非人間的な生活を余儀なくさせた．

　19世紀後半になると，このような労働者階級の悲惨な生活を改善し，その権利を擁護するため，労働運動が組織され，社会主義運動も展開されるようにな

る．国家はこれらに対応して社会政策を進めたが，運動する側は，自らの要求を権利として国家が保障することを求めた．

　これらの主張は，労働条件に関するもの，労働組合運動に関するものだけでなく，最低限度の生活を維持するための社会保障に関するものや教育を受ける権利などを含んでいた．これらは，「人間に値する生存」を求めるものといえるが，近代憲法がそれまで認めてこなかった内容，性格をもつだけでなく，近代憲法が従来保障してきた権利や原則と矛盾，衝突するものが多かった．

　近代憲法は，所有の自由を「不可侵」のものとしてきたし，職業選択＝営業の自由を保障してきた．そこでは自由市場を前提に契約自由の原則，私的自治の原則のもと労働条件についても使用者と労働者の間で自由に形成されるものと見なされていた．しかし，労働者の諸権利（これらは社会問題として議論されたので，一般に社会権と呼ばれている）を保障しようとするならば，部分的にこのような所有の自由，営業の自由を制限しなければならないことになる．近代憲法は，変容せざるをえなくなったのである．

　現代憲法は，市民革命によって獲得された権利（それらは国家権力からの自由を意味するので自由権と一般に呼ばれている）と社会権を調和させることを課題とするようになる．しかし，自由権と社会権はその性格が異なっており，簡単につぎあわせることができないものである．現代の憲法はこの困難な問題の解決をはからなければならないのである．

　このような状況は国家の役割についての見直しをもたらすことになった．国家は可能な限り何もしない方がよいとする消極国家観は維持できなくなる．なぜならば，社会の矛盾から生じる諸問題に対応するには，国家が経済過程に介入してしかるべき経済秩序をつくりだし，労働条件に最低限の基準を設定し，社会保障のため積極的な政策を展開する必要があるからである．このような役割を担う国家は，大きな政府をともなう積極国家であり，福祉国家，社会国家とも呼ばれる．

　国家が積極的な役割を果たすといっても具体的にそのような行動をなしうるのは，多くの場合，行政権である．経済過程が複雑になり，また世の中の動きが早くなると，これらに介入して新しい秩序を形成するには，高度の専門的判断と迅速な対応が必要となるからである．国家の構成原理として議会制や権力

分立が否定されることはないとしても,現実には行政権が強大になり,それを支える官僚層が肥大するというのも現代国家の1つの側面であり,このような側面について「行政国家」という言葉が使用されることがある.

(2) 戦後の憲法

ファシズムと戦後の憲法 憲法上,社会権を保障し,所有権等の経済的自由権に制約を加えた最初のものとして,ワイマール憲法が有名である.ワイマール憲法は,ドイツ帝国が第一次世界大戦で敗北し,経済的にも大きな打撃を受け,国家財政が破綻し,国民生活が堪々しく窮乏化し,社会的軋轢が激化するという状況の中で制定された.それは,近代立憲主義の思想的系譜を踏まえながらも新しい理念,理想を掲げた憲法として世界から注目されたが,国家財政が破綻し,経済秩序が混乱し,社会的紛争が多発し,政治抗争が激化する中では,そのような理念,理想は実現困難であった.

そのような状況の中でワイマール憲法は,結局,社会的抗争の激化,政治的混乱・経済的混乱の中でゲルマン民族の優越性と極端な民族主義,人種排外主義的主張を掲げるナチズムによって攻撃を受け,崩壊してしまう.

ファシズムやナチズムは,1人ひとりが本源的にもつ価値を否認し,全体の価値を優位させた点で個人の尊厳と相いれないものであった.それらは個人主義を攻撃し,全体主義を唱え,立憲主義原理と基本的人権を公然と否定した.このような全体主義は,ドイツ,イタリア,日本さらには東ヨーロッパの一部の諸国で権力を握り,世界を再び戦争に巻きこむことになる.

第二次世界大戦における連合国側の勝利はファシズムを否定し,個人の尊重,個人の尊厳を回復するという課題を担うことになった.戦後の憲法は,人間が1人ひとりかけがえのないものであり,その存在を何よりにもまして尊重されるべきであるとし,その存在を支えるものとして自由権や社会権を位置づけようとしていると考えてよかろう.

現代憲法の課題 第二次世界大戦後の憲法は,さらに新しい問題に直面せざるをえなかった.戦後,欧米の植民地の多くが続々と独立を果たしたが,これらの諸国の中には欧米流の立憲主義に異を唱え,中には国家,民族の主権を強調し,普遍的人権を否定する主張も行うようになった.今日でも,主権と人

権の関係は，依然として議論が多い困難な問題であるといえよう．

　日本国内の問題に限っても，戦後，社会構造が大きく変化し，種々の問題が噴出していることは明らかである．たとえば，マスコミが発達し，いわゆる情報化社会が展開するようになるとプライバシー侵害などの問題が深刻になった．大量生産，大量販売が進むと商品について十分な知識をもたない消費者の被害が増えるとともに深刻になる．科学技術が進歩し，また，生産が増大する一方，公害被害から国民の健康や生命をいかに守るかが問われている．世界的に見れば，地球規模での環境破壊から人類の未来を守ることが問題になる．依然として数多く保有されている核兵器やその他の大量殺戮・破壊兵器は，人類の絶滅をもたらすかもしれない．戦争は最大の人権侵害であるとし，平和を人権の問題としてとらえようとする考え方も説得力をもつようになった．

　その他にも科学技術の進歩は，従来考えられなかった新しい問題をつぎつぎと生じさせた．コンピュータやIT分野の発達により情報の保護，プライバシー保護等についての困難な問題も発生している．医学・医療技術の発達による生命操作（遺伝子治療やクローン技術による問題等），男女生み分けや種々の生殖補助医療，脳死，臓器移植，尊厳死の問題等は今日さまざまなレベルで議論されているが，これらはまた，人権問題としても論議を呼んでいる．

　国際化やグローバリゼーションが進む中で国境の壁は低くなり，定住外国人の数や人的交流が増えたこともあって，外国人の人権が大きな問題になってきた．その他，女性問題，子どもの人権，社会的に差別を受けている人たちの人権，セクシャル・ハラスメントやドメスティック・バイオレンス等，今日，憲法問題としても問われる事柄は数多くある．現代憲法はこれらの問題に対しても答えていかなければならない．

4　明治憲法と日本国憲法

（1）明治憲法の制定

自由民権運動と明治憲法　明治憲法（大日本帝国憲法）は，いわゆる自由民権運動の敗退のあと，ドイツ・プロイセン（ドイツはプロイセンによって1870年に統一され，プロイセン国王がドイツ帝国の皇帝になった）の憲法思想の影響のもとに制定

されたものである．自由民権運動は，国民の自由の伸長と民選議会の設立，憲法の制定を要求した．たとえば，板垣退助らの「民撰議院設立建白書」は，「天賦人権」を主張していたし，民権派の憲法草案の中でもっとも先進的であると評価されている植木枝盛の「東洋大日本国国憲案」は法律によっても制約できない人権の概念，死刑の廃止，拷問の禁止を掲げていた．植木の草案は，また，抵抗権，革命権を認めている点でも注目される．

　これらの運動，憲法構想は結局のところ憲法制定には影響力をもちえなかったが，憲法学習運動が各地で広がったことを評価すべきであろう．憲法や議会導入についての議論は，各方面で高まっていたのである．

　明治憲法は，自由民権運動の敗退の上に政府の手で上から制定された（いわゆる欽定憲法）．その中心的役割を担ったのは，伊藤博文や井上毅であった．政府は伊藤を中心とする憲法調査団を欧米に派遣したが，調査は主としてドイツ，オーストリアで行われた．伊藤らは，帰国後，外国人の顧問の助言もえながら，憲法起草を秘密裏に進めた．憲法草案は枢密院で議論はされるが，それは内容に影響を与えるものではなかった．明治憲法は，1889年2月11日，紀元節の日に発布された（同時に皇室典範も発布された）．

　明治憲法の基本的性格　明治憲法は，ドイツ・プロイセン的立憲主義の影響を強く受けたものであり，天皇に強大な権力を認めていた．天皇は主権者として位置づけられており，統治権を総攬するものとされた（4条）．「大日本帝国ハ万世一系ノ天皇之ヲ統治ス」（1条）の規定は，「国体」をあらわすものと考えられた．天皇はまた，緊急勅令（8条）や独立命令（9条）を発する権限を有した．一方，議会は，憲法上は立法に対して「協賛」する権限をもつにすぎなかった（5条）．内閣も天皇の勅命で構成された（憲法上では内閣という語は使用していない）．各国務大臣は，天皇の行政権を「輔弼」し，天皇に対して責任を負った（55条）．司法権も天皇の名においてなされた．

　明治憲法も「臣民ノ権利」を保障していたが，それらは，法律によって，法律の範囲内において認められるにすぎなかった．たとえば，「日本臣民ハ法律ノ範囲内ニ於テ居住及移転ノ自由ヲ有ス」（22条）や「日本臣民ハ法律ニ依ルニ非スシテ逮捕監禁審問処罰ヲ受クルコトナシ」（23条）を見ればそのことは明らかである．これらの権利は法律によってしか制限されなかったが，法律によっ

てその内容が規定されたのである(「法律の留保」).このような考え方は,現行憲法のもつ不可侵の人権保障という思想とは大きく異なっているといえる.

(2) 日本国憲法の制定

ポツダム宣言と民主化　日本国憲法の構成原理の基盤となったものとして,1945年7月26日に発せられたポツダム宣言(ドイツのポツダムで連合国の首脳が集まってまとめた日本に無条件降伏を勧告する宣言)とそれを具体化するさまざまな占領軍の指令をあげることができる.

「国体」護持にこだわる日本政府は,ポツダム宣言の受諾について「天皇ノ国家統治ノ大権ヲ変更スルノ要求ヲ包含」しないという了解をとりつけようとしたが,これを拒否され,結局,無条件でポツダム宣言を受け入れ連合国に降伏した.ポツダム宣言は,「日本政府ハ,日本国国民ノ間ニ於ケル民主主義的傾向ノ復活強化ニ対スル一切ノ障礙ヲ除去スベシ.言論,宗教及思想ノ自由並ニ基本的人権ノ尊重ハ,確立セラルベシ.」とうたっていた.

これを受けて日本占領のため設けられた連合国軍総司令部(GHQ,その最高司令官はマッカーサー元帥であった)によって出されたいわゆる「人権指令」(自由指令)は,思想,宗教,集会及び言論の自由に対する制限を設けていた法律(治安維持法や思想犯保護観察法等)の撤廃を日本政府に指示した.また,いわゆる「神道指令」は,国家神道体制を否定し,政教分離と信教の自由を確立することを命じた.女性(婦人)の解放,労働組合の奨励,学校教育の民主化,専制政治からの解放,経済の民主化を内容とする五大改革の指令も同様の方向を目指すものであった.

以上の状況の下,もはや明治憲法を維持することはできず,憲法改正が不可避であることが明らかになったが,日本政府は,依然として憲法改正について消極的な態度を維持していた.10月25日になってようやく松本烝治国務大臣を委員長とする憲法問題調査委員会を設置し,改正作業を進め,翌年2月8日に草案を総司令部に提出したが,その内容は明治憲法にいくつかの表現上の修正を加えたものにすぎず,総司令部によって拒否された.

憲法改正は,結局,日本政府には民主化に対応した憲法草案作成の意欲も能力もないと判断した総司令部がみずから草案(いわゆるマッカーサー草案)を示す

ことによって進められることになった．

日本国憲法制定の具体化　マッカーサー草案は，国民主権，象徴天皇制，戦争の放棄，詳細な人権保障を含むものであり，これにしたがって，日本政府の「憲法改正草案要綱」がつくられた．4月にはこれは条文の形式にととのえられ，「憲法改正草案」が発表された．6月には草案は帝国議会に提出され，貴族院および衆議院での審議過程で若干の修正を加えられ，10月7日，圧倒的多数で可決された．

新憲法は明治憲法の改正手続きにしたがい，枢密院への諮詢，天皇の裁可を経て，11月3日に公布され，翌1947年5月3日に施行された（この日が憲法記念日とされている）．

憲法改正作業と並行して，種々の法制度の改革もなされ，民法の家族制度の改正（家制度の廃止），刑法の大逆罪や不敬罪の削除等が行われた．選挙法の改正もされ，女性に選挙権が認められた．地方自治法も制定され，住民の意思にもとづく地方政治の体制がつくられた．

日本国憲法が明治憲法の「改正」として成立したことは事実である（それは明治憲法の73条によって改正された）．しかし，日本国憲法は，原理の上で明治憲法と大きく異なっている．両者の間には主権の所在，人権の観念等全面的な転換がある．形式的には改正手続きによったとはいえ，内容的には，日本国憲法は明治憲法と断絶していると考えるべきであろう（いわゆる8月革命説はそのことを主張したものである）．また，日本国憲法の制定には総司令部が積極的役割を果たしたことは事実であり，ここから「おしつけ憲法」論がでてくることになったが，日本国憲法の制定に際して国民の大多数が賛成したことを忘れるべきではないであろう．

日本国憲法は，よく知られているように国民主権の原理，平和主義を採用するとともに基本的人権の保障を基本原理としている．地方自治の尊重や司法権の独立も日本国憲法の重要な構成原理といえよう．説明すべきことは多くあるが，ここでは基本的人権の保障について概観しておきたい．

(3)　日本国憲法における基本的人権の保障

個人の尊重と人権　日本国憲法は，人権は，人間が人間である以上，当然

に認められるべきものであるとの思想をとりいれている．そのような人権という考えの基礎には，個人の尊重，尊厳という考え方があるといえよう (13条)．1人ひとりがかけがえのない存在であり，それぞれの人が尊重されるのである．すべての人が，年齢や性別，社会的地位や身分にかかわりなく，尊重されるのである．それは明治憲法の「臣民ノ権利」とは性格を異にしている．

　日本国憲法を明治憲法に比べてみると，その他，思想・良心の自由，学問の自由，法定手続きの保障や詳細な刑事手続きの規定，政教分離原則，幸福追求権，さらには生存権をはじめとする社会権規定等が加わっていることも注目すべきである．

　人権の分類　　日本国憲法の人権については，一般に自由権，社会権，国務請求権，参政権に分けて説明される．これらの性格についてはそれぞれの章で詳しく説明することにして，ここでは概略的な説明に止める．人権の類型化は，種々の人権の性格を明らかにし，その相互の関係を認識せしめるためには有益であることは否定できないが，ただ，このような類型化と分類はあくまでも1つの目安にすぎないのであり，絶対化すべきものではない．

　自由権　　自由権とは公権力から強制，禁止をされないことを保障するものであり，公権力に対してそのような強制・禁止を禁止することを意味する．不利益な取り扱いも間接的な強制，禁止といえるから，これも認められない．通常このような自由権は，精神的自由権，経済的自由権，身体的自由権（人身の自由）に分けられる．

　精神的自由権として憲法が明文で保障しているのは，思想・信条の自由，信教の自由，集会・結社及び表現の自由，学問の自由である．経済的自由権としては，職業選択の自由，財産権が保障されている．身体的自由権としては，31条の法定手続きの保障等詳細な規定がある．

　社会権　　社会権は，国家に積極的施策を要求する点で，自由権とは異なっている．それは権利の実現のために国家権力の不作為を求めるのではなく，積極的行為・作為を求めるものである．社会権は，国家権力からの自由ではなく，国家権力による自由といわれる．憲法が明文で規定しているのは，生存権 (25条)，教育を受ける権利 (26条)，勤労の権利 (27条)，いわゆる労働基本権 (28条) である．

社会権は，自由権が抽象的な市民一般の権利であるのに対し，生活困窮者，勤労者（労働者）等を主体として想定している点でも違いがある．

国務請求権　国務請求権として，裁判を受ける権利（32条），国家賠償請求権（17条），刑事補償請求権（40条）が憲法上規定されている．これらは，権利侵害があったとき，その救済のために国家に一定の行為を要求する点で共通点がある．それゆえ，これらは受益権ともいわれることもある．

なお，国務請求権をより広く，人権を確保するために，国家に積極的な作為または給付を求めることができる権利と解した場合，請願権を国務請求権に含めることもできよう．しかし，請願権は，その対象範囲も広く，政治的要求を実現する手段としての機能をもつので，本書では参政権に含めることにする．

参政権　国民が能動的な立場に立って国家や地方公共団体の運営に参加する権利を参政権という．それは，国家権力の担当者として国家の意思の形成その他の国家活動に参加する権利である．選挙権（15条），被選挙権，最高裁判所裁判官の国民審査（79条），憲法改正における投票（96条），地方特別法に対する投票（95条）が憲法上規定されている．上に述べたように，請願権（16条）も参政権に含まれると考えられる．

平等権　憲法14条は，法のもとの平等について規定する．すべての人が権利，義務の両面にわたり，合理的理由なしに差別的取り扱いを受けないことは憲法を貫く重要な原則であるが，これを各人の立場から考えれば平等権ととらえることができる．24条の家族生活に関する規定，44条の議員及び選挙人の資格に関する規定等も平等権にかかわるものである．

人権相互の関連　以上のように人権を分類するだけでなく，人権は互いに支え合って存在しているのであり，1つの人権が侵害されることによって他の人権も侵害される可能性があることを理解することも重要である．たとえば，表現の自由は，国家権力による違法な身体の自由への侵害が生じた場合，これを批判し，是正するために不可欠であるし，逆に身体の自由が確保されなければ，表現の自由は行使が困難となろう．人権は相互に関連したものであることを忘れるべきではない．

さまざまな分類がなされているが，現在では人権のカタログは，立憲主義をとる諸国においては一定の普遍性をもつようになってきているといえる．もち

ろん人権にも歴史があり，人権思想の発達，それを実現しようとする運動とともに次第に豊かにされてきた一面があることはいうまでもない．19世紀には自由権，20世紀にはいると社会権が強調され，戦後はファシズムの経験から人間の尊厳がうたわれるようになった．これらの歴史を踏まえて，人権保障のあり方を整合的に考えなければならない．

新しい人権の登場　現代社会はさらに従来の人権のカタログには含まれず，既成の類型には必ずしもなじまないタイプの人権を登場させようとしている．たとえば，知る権利やプライバシーの権利は，近年のマスコミの発達等を背景に主張されるようになったものである．情報公開を求める権利や自己情報コントロール権についての議論の進展もある．

すでに触れたように，平和や環境破壊をめぐっての新しい人権の主張もある．これらは，さまざまなレベルで問題にされているが，裁判の中で提起され，一定の進展が見られたものもある．裁判所も，今日これらの問題にも対応していかなければならなくなってきているのである．

（4）　人権の国際的保障

世界人権宣言　今日，国際的な人権保障が重要な意味をもってきている．その中心にあるのが，世界人権宣言と国際人権規約（B規約すなわち自由権規約とA規約すなわち社会権規約の2種がある）である．

世界人権宣言は，「すべての人間は，生まれながらにして自由であり，かつ尊厳及び権利について平等である．」と宣言し（1条），生命，自由，身体の安全についての権利，奴隷の禁止，非人道的な待遇または刑罰の禁止等ともに，基本権の侵害に対する裁判所による実効的な救済を受ける権利を保障する．

世界人権宣言が，私生活，名誉，信用の保護として，「何人も，その私生活，家族，住居若しくは通信に対して恣意的に干渉され又は名誉及び信用を攻撃されない．すべての者は，そのような干渉又は攻撃に対して法律の保護を受ける権利を有する．」（12条）とし，迫害からの庇護として，「すべての者は，迫害からの庇護を他国に求め，かつ，これを他国で享受する権利を有する．」とし，婚姻及び家族の権利にも言及していることも注目されよう．

国際人権規約　国際人権B規約（自由権規約）は，締結国の義務として，「こ

の規約の各締約国は，その領域内にあり，かつ，その管轄の下にあるすべての個人に対し，人種，皮膚の色，性，言語，宗教，政治的意見その他の意見，国民的若しくは社会的出身，財産，出生又は他の地位等によるいかなる差別もなしにこの規約において認められる権利を尊重し及び確保することを約束する.」（2条1項）と述べ，「この規約の各締約国は，立法措置その他の措置がまだとられていない場合には，この規約において認められる権利を実現するために必要な立法措置その他の措置をとるため，自国の憲法上の手続き及びこの規約に従って必要な行動をとることを約束する.」（2条2項）と宣言する．

国際人権B規約（自由権規約）は，今日，世界的に認められている人権のカタログを網羅しているといえるが，特徴的なものとしては，死刑の廃止を志向する規定（6条）や非人道的な若しくは品位を傷つける取扱い若しくは刑罰を受けないという規定（7条）を有していることである．少数民族の権利（文化，宗教，言語についての権利）がうたわれていることも注目されよう．

他方，国際人権A規約（社会権規約）は，人間の尊厳にふさわしい労働，社会保障，住居・食料などの生活水準，健康（医療），教育などに関するいわゆる社会権的権利の保障をうたっている．これらの条約に参加した国はその実施状況を報告する義務を有し，国連の人権委員会の審査を受ける制度になっている．

その他，いわゆる国際人権条約として重要なものには，女子差別撤廃条約（女子に対するあらゆる形態の差別の撤廃に関する条約），児童権利条約（児童の権利に関する条約，「子供の権利条約」ということもある），難民条約（難民の地位に関する条約）がある．「グローバル」化が進む中で，人権の国際的保障はますます重要な意味をもつであろう．

第2章 人権の享有と限界

1 人権の享有主体

(1) 誰の人権が保障されるのか

　人権という観念は，人間が人間である限りすべての人に侵すことのできない自由や権利を認めるという考え方を基礎にしているから，すべての人が人権の享有主体であるとするのが当然のように思われる．しかし，憲法は，国民主権の原理を採用しているので，このこととの関係で天皇の人権保障をどう考えるのかが問題になる．また，憲法は，第3章を「国民の権利及び義務」としている．そこで外国人（日本国籍をもたない人すべてを指し，無国籍の人を含むことにする．以下も同じ）をどのように位置付けているのか，すなわち，外国人は憲法の保障する人権の享有主体であるのかどうかも問題になる．法人の人権についても議論がある所である．

　国民主権と天皇　憲法10条は，「日本国民たる要件は，法律でこれを定める」として，国籍法律主義を明確にしている．ここでいう国民とは国家の構成員のことであり，天皇もそのような国民に含まれるのは当然である．ところで，明治憲法では天皇は統治権の総攬者であり，主権者の地位にいたが，現行憲法は，このような天皇の地位を否定し，国民主権を宣言し，天皇を日本国および日本国民の統合の象徴と位置づけた．このような国民主権の原理における「国民」の観念の中には天皇は入らないと解される．それは，日本国憲法がとる国民主権という原理が君主（天皇）主権という原理を排除するところに成立するものであり，そこでいう「国民」は天皇を含まないと考えられるからである．

　しかし，憲法が基本的人権の享有主体として　第3章において「国民」という場合は，国民主権原理にいう国民とは別の次元のものを指すと考えられるか

ら，天皇もこれに含まれると解せられる．ただ，天皇は憲法上象徴とされているところから，その地位にふさわしい法的処遇を受けるとされる．すなわち天皇は精神的自由，人身の自由を原則として享有するが，たとえば政治的な影響力をもつ言論の発表は認められないことになる．居住移転・国籍離脱・外国移住の自由，職業選択の自由，婚姻・離婚の自由（皇室典範10条，14条参照）も認められない．選挙権・被選挙権も当然のことながら許容されない．実際には天皇の人権享有の範囲はきわめて狭いものと考えられる．皇族も皇位継承の資格を有するから，その限りにおいて人権享有の制限を受けると解せられる．

外国人の人権　憲法第3章は，「国民の権利及び義務」と題されている．それでは，わが国にいる日本国籍をもたない人＝外国人は，人権の享有主体になれないのであろうか．このことについて，憲法が「国民は」と規定している場合と「何人も」と規定している場合をわけて，前者の場合は，日本国民の権利のみを保障し，後者の場合は，外国人を含めて人権が保障されているとする説がある．しかし，この説は，憲法のこれらの語の用法が必ずしも一定していないので，あまり説得力があるとはいえない．たとえば，憲法22条1項の国籍離脱の自由を保障する規定は，日本国民を対象にしたものと考えられる（外国人を含めることは意味をなさない）が，「何人も」という語が使われている．この問題を考えるには，やはり，憲法が保障する権利の性質によって判断するほかはないのであろう．

　憲法が保障する権利の性質によって，外国人にも保障が及びうるものと，そうでないものとに区別する考え方は，通常，選挙権，被選挙権等の参政権や社会保障受給権，入国の自由等を外国人が享受できない権利としてあげる．他方，精神的自由権や経済的自由権，人身の自由等は広く外国人にも及ぶべきものとする．判例も基本的にこの立場をとっているといえる．

　最高裁は，いわゆるマクリーン事件において「憲法第3章の諸規定による基本的人権の保障は，権利の性質上日本国民のみをその対象としていると解されるものを除き，わが国に在留する外国人に対しても等しく及ぶものと解するべきである」るとしたが，外国人の在留の許否は国の裁量にゆだねられており，憲法上わが国に在留する権利が保障されているものではない，とした（最高裁判決昭和53年10月4日，民集32巻7号1223頁）．

最高裁のこの判断には，外国人の入国の自由の認否は国が自由に判断できるとの国際法の考え方がその基礎にあるようである．なお，一般に社会保障受給権の保障については当人の母国の責任という考え方がある．最高裁は，社会保障上の施策において在留外国人をどのように処遇するかは国の政策的判断によって決せられるとして，立法裁量の問題とした（塩見訴訟最高裁判決平成元年3月2日，判時1363号68頁）．しかし，今日では在留外国人は国民健康保険，国民年金制度等においては日本人と同等に扱われている．

　外国人の公務就任権　外国人が公務員に就任できるがどうかについて，憲法は何も述べていない．法律による個別的な制限の例としては，公職選挙法が被選挙権を日本国民としていること（10条）がある（したがって衆参両議院議員［その中から指名される内閣総理大臣を含む］，地方公共団体の長および議会の議員は日本国民に限られる）．また，外務公務員法が，外国人本人の外務公務員への就任を禁止していること（7条，2条）もあげられるが，一般的に禁止されているわけではない．

　しかし，政府は「公務員に関する当然の法理として，公権力の行使または国家意思の形成への参画にたずさわる公務員となるためには日本国籍を必要」とするとの見解を示してきた（法制局見解）．このような「当然の法理」は，地方公共団体にまで及び，その一般事務等についても，自治省は外国人の受験資格を否定してきた．現在，公務員試験の受検資格を日本国籍をもった者に限定する「国籍条項」を見直すべきとする意見もある．

　一方，下級審ではあるが，憲法上国民主権の原理に反しない限度で在日外国人の公務就任は禁止されていないとの判断が示されている（東京高裁判決平成9年11月26日，判時1639号30頁）．そこでは，立法，行政，司法の権限を直接行使する公務員（国会議員や裁判官等）への就任は憲法上禁止されるが，間接的に国の統治作用にかかわる公務員については職務内容や権限によって就任の是非を判断すべきである，とされ，補佐的，技術的専門分野に従事する公務員に外国人が就任しても国民主権の原理に反するおそれはない，と言明された．

　外国人の参政権問題　近時，外国人の参政権問題も議論されている．参政権については，国民主権の原理がからんでいる．憲法15条は1項で，「公務員を選定し，及びこれを罷免することは，国民固有の権利である」とする．憲法

は，「日本国民たる要件は，法律でこれを定める」(10条) としており，これを受けて血統主義を基本に国籍法が制定されている．従来，15条1項にいう「国民」もその範囲で考えられてきた．しかし，今日，日本社会の国際化が急速に進み，日本で生活する外国人の数が急増していることを無視できなくなっている．

　日本に生活の本拠を構えている定住外国人とくに在日韓国人・朝鮮人は，日本で育ち，勉強し，働き，交友関係を結び，地域社会に溶け込んで暮らしており，また，日本人と同じように納税義務を果たしている．「国民」の従来の概念にこだわるべきであろうか．現在，とくに問題になっているのは，これら定住外国人の地方選挙権である．公職選挙法も地方自治法も地方公共団体 (地方自治体) の選挙権について，「日本国民」であることを要件としているが，このことの正当性が問われるようになっている．

　最高裁は，在日韓国人の地方選挙権に関する判決において，国民主権を定めた憲法の趣旨に照らすと，15条の保障は，在日外国人に及ばないと解するべきであるとし，また，93条にいう「住民」は，日本国籍を有する者をいい，在日外国人に地方自治体の長や議員の選挙権を直ちに保障するものではない，としたが，一方，同条は，住民の日常生活に密接に関連する公共事務は地方住民の意思にもとづいて地方自治体が処理するという形態を憲法が保障したものと解せられるから，永住している外国人に地方参政権を与えることを憲法は禁止していないと考えられる (しかし，そのための措置を講じるかどうかは国の立法政策の問題である) と判示した (平成7年2月28日，民集49巻2号639頁)．これは，定住外国人の地方選挙権について，憲法はこれを保障はしていないが，「許容」しているとの見解である．

　外国人の地方選挙権については，諸外国でも認める例が増えており，日本でも再検討を要するであろう．定住外国人は，その地域社会の構成員として生活しており，そのような事実を踏まえて立法上の措置が取られるべきであろう．地方自治体の中には周辺自治体との合併問題に限ってであるが，3カ月以上在住する定住外国人に投票資格を認めた住民投票条例を制定した例もある (滋賀県米原町)．

　法人の人権　　近代法の体系の中では自然人だけでなく，一定の組織に権利

能力が認められている．そのような存在を法人というが，このような法人が人権の主体になるかどうかが問題になる．

この点に関して，最高裁は，八幡製鉄事件 (最高裁大法廷判決昭和45年6月24日，民集24巻6号625頁) において，「会社が，納税の義務を有し自然人たる国民とひとしく国税などの負担に任ずるものである以上，納税者たる立場において，国や地方公共団体の政策に対し，意見の表明その他の行動に出たとしても，これを禁圧すべき理由はない．のみならず，憲法第3章に定める国民の権利および義務の各条項は，性質上可能なかぎり，内国の法人にも適用されるものと解すべきであるから，会社は，自然人たる国民と同様，国や政党の特定の政策を支持，推進または反対するなどの政治的行為をなす自由を有するのである」として政治資金の寄付の自由を認めた．

経済的自由権が営利会社等の法人に保障されるのは当然であり，また，そのような自由を確実にするために一定の自由が認められるべきであろうが，自然人 (国民) と同様の程度に一般的に自由が保障されるべきであるかどうか疑問があろう．

最高裁は，南九州税理士事件において強制加入の税理士会における政治献金目的の特別会費強制徴収について，税理士会の目的を逸脱するもので，違法であるとの判断を示した (最高裁判決平成8年3月19日，民集50巻3号615号)．そこでは，政党などに寄付をするかどうかは，選挙における投票の自由と表裏をなすものであり，会員各自が市民として個人的な判断にもとづいて自主的に決定すべきこととされ，事実上脱会の自由がない組織では寄付金の強制徴収は，会員の思想・信条の自由を侵害すると判断されたのである．そのことは，法人の政治的行為の自由に対する一定の制約を認めたものともいえる．

(2) 人権の妥当範囲

憲法の人権保障の規定は，基本的には国家権力によって国民の人権が侵害されないようにするためのものである．それゆえ，人権は，国家権力＝公権力との関係で議論されてきた．近代市民社会では，一般に私人間の関係は，私的自治の原則にゆだねられていた．しかし，現代では企業や巨大組織 (それらが私人であっても) から個人の人権を守ることの重要性が認識されるようになってお

り，人権保障を国家との関係のみに限定することはできなくなっている．人権の妥当範囲については，公務員や特別の法律関係にある者に関しても問題になる．学説は，一般的に人権の妥当範囲を拡大してきたといってよい．

人権の私人間効力　近代市民社会は，いわゆる私的自治の原則のもとに私人と私人の関係については当事者の問題として国家権力は原則として立ち入るべきではないとしている．しかし，現実には公権力ではないが社会的権力（私的政府）が国民を支配したり，私的な組織であっても公権力とむすびついて国民の人権を侵害することがあり，このような場合，何らかの手立てが必要であろう．

憲法の規定上も国家以外のものによる侵害からの人権保障を視野にいれているものがある．憲法15条は，「選挙人は，その選択に関し公的にも私的にも責任を問われない」と述べている．18条は，奴隷的拘束及び意に反する苦役からの自由を保障する．27条3項は，「児童は，これを酷使してはならない」とする．28条は労働基本権を保障する．これらは，解釈上，国家権力のみを想定しているとは考えられない．このような明文上または解釈上，私人をも直接拘束する趣旨の規定に関しては，私人がこれらに違反した場合，これを違憲と判断することができよう．

学説とすれば，人権の私人間効力については，憲法の人権規定は国民の政治・経済・社会の全生活分野にわたる客観的価値秩序であり，私人間にも直接適用されるとする説（直接効力説）と，人権規定は，民法1条の公共の福祉・信義則・権利乱用の禁止条項，90条の公序良俗条項，709条の不法行為条項などを媒介して適用されるとする説（間接効力説）がある．民法2条は「この法律は，個人の尊厳と両性の本質的平等を旨として解釈しなければならない．」としている．私人間に人権規定が適用されるか否か，どのように適用されるのかは，人権規定の内容や当該私法関係の性質を個別に考慮して判断すべきとする考え方もある．

私人間効力をめぐる裁判　憲法の人権規定の私人間の効力の議論は，さまざまの分野で問題になる．裁判で問題になったのは，企業による思想・信条の自由の侵害，女性の若年定年制や結婚退職制等である．

最高裁は，私立学校の教員が雇用の際の条件に反して校内で政治活動をしたことを理由に解雇された事件において，自己の自由意思によって約束した以

上，特約は有効であるとした（昭和27年2月22日，民集6巻2号258頁）が，その基本的立場は明確とはいえなかった．その後，最高裁は三菱樹脂事件（昭和48年12月12日，民集27巻11号1536頁）において「私人間の関係においては，各人の有する自由と平等の権利自体が具体的場合に相互に矛盾，対立する可能性があり，このような場合における対立の調整は，近代自由社会においては，原則として私的自治に委ねられ，ただ，一方の他方に対する侵害の態様，程度が社会的に許容しうる一定の限界を超える場合にのみ，法がこれに介入しその間の調整をはかるという建前がとられているのであって，この点において国または公共団体と個人との関係の場合とはおのずから別個の観点からの考慮を必要とし，後者についての憲法上の基本権保障規定をそのまま私人相互の関係についても適用ないし類推適用すべきものとすることは，決して当をえた解釈ということはできないのである．」と判示した．

　この判決には，明確ではないところもあるが，最高裁は，人権の私人間効力について消極的な姿勢を示したといえる．同様の立場は，私立大学の規則に違反して政治活動をしたことを理由に学生を処分したことが争われた「昭和女子大事件」（最高裁判決昭和49年7月19日，民集28巻5号790頁）においても踏襲された．

　しかし，最高裁は，日産自動車事件において，会社の「就業規則中女子の定年年齢を男子より低く定めた部分は，専ら女子であることのみを理由として差別したことに帰着するものであり，性別による不合理な差別を定めたものとして民法90条の規定により無効であると解するのが相当である．（憲法14条1項，民法1条の2参照．）」とした（昭和56年3月24日，民集35巻2号300頁）．ここで憲法14条1項と民法1条の2（現行民法2条）が並立して引用されているのは，おそらく憲法の平等権の保障が民法の公序良俗の規定を媒介して機能するという間接的効力説の立場に立っているものと解せられよう．

　民間企業におけるセクシャル・ハラスメント　近年，女性の人権に関して民間企業の中でのいわゆるセクシャル・ハラスメントが問題になっている．たとえば，福岡セクシャル・ハラスメント事件（福岡地判平成4年4月16日，判時1426号49頁）では，女子社員の異性関係等についての上司の発言は人格を損ないその感情を害し，働きやすい職場環境の中で働く利益を害するので，それについて不法行為責任を負う，とされ，女性の譲歩・犠牲において職場環境を調整し

ようとした使用者も同様の責任を負う，とされた．女性に不快感を与え，労働環境を悪化させる行為をセクシャル・ハラスメントとしてその違法性を認める判決は，民間企業（私人）の中で女性の人権を確保しようとするものであるといえる．

特別権力関係論　特別権力関係の理論とは，法律の規定や同意にもとづいて国や地方公共団体と特別の関係に立つ者は，一般の国民が国や地方公共団体の統治権に服する場合（これを一般権力関係ということもある）と異なり，法治主義の原則が排除され，法律によらなくとも権力主体の包括的支配権のもと人権も大幅に制限されて当然とする考え方である．このような考え方は，19世紀後半のドイツで確立され，それを継受した明治憲法下では通説的地位にあったが，戦後もしばらくは通用していた．しかし，日本国憲法が不可侵の人権概念を認める以上，今日，それはそのまま維持されるものではない．

特別権力関係の理論は，しばしば刑務所に収容されている受刑者の在監関係，国公立学校の学生・生徒の在学関係，公務員の勤務関係等を説明する際に用いられてきたが，これらの関係にある者が一定の人権の制限を受けるのは具体的な理由・根拠によって説明されるべきであり，人権保障が最初から排除されていると考えるべきではない．たとえば，在監関係における自由の制限は，拘禁，逃亡・証拠隠滅の防止，構内や房内の規律と秩序の維持等から説明できるのであり，それ以上のものは必要がない．

このような自由の制限は，具体的な法律の根拠を必要とし，侵害があった場合には司法審査が及ぶと考えなくてはならない．国公立学校の学生・生徒の在学関係，公務員の勤務関係についてはそもそも私立学校や民間会社の場合とどれだけ異なるのかが，問題とされよう．これらはそれぞれの施設の設置目的から内部規律が必要とされており，その限り，自由の制限をもたらすが，それは，その目的を達成するための必要かつ合理的な範囲のものにとどまるべきである．それを超えた包括的な支配権限が認められるものではない．このような関係において人権の制限を考えるに際しては一括して扱うのではなく，それぞれの関係について，どのような人権がどのような根拠にもとづいて，どの程度制限されるのかを具体的に論じるべきであるといえよう．

判例の動向　在監者の喫煙を禁止することの合憲性が争われた事件におい

て，最高裁は「監獄内においては，多数の被拘禁者を収容し，これを集団として管理するにあたり，その秩序を維持し，正常な状態を保持するように配慮する必要がある．このためには，被拘禁者の身体の自由を拘禁するだけでなく，右の目的に照らし，必要な限度において，被拘禁者のその他の自由に対し，合理的制限を加えることもやむをえないところである」とした (昭和45年9月16日，民集24巻10号1410頁)．

また，最高裁は，いわゆるよど号ハイジャック事件に関する裁判において，まず，拘禁目的達成のために必要かつ合理的な範囲での人権制限は合憲であるとしながらも，新聞等の閲読制限が認められるためには，「当該閲読を許すことにより［監獄内の］規律及び秩序が害される一般的，抽象的なおそれがあるというだけでは足りず，被拘禁者の性向，行状，監獄内の管理，保安の状況，当該新聞紙，図書等の内容その他の具体的事情のもとにおいて，その閲読を許すことにより監獄内の規律及び秩序の維持上放置することのできない程度の障害が生ずる相当の蓋然性があると認められることが必要であり」，かつ，その場合においても，制限の程度は障害発生の防止のために必要かつ合理的な範囲にとどまるべきである，とした (最高裁大法廷判決昭和58年6月22日，民集37巻5号793頁)．同様の立場から受刑者が発信・受信した信書の一部を監獄内の規律及び秩序の維持等を理由として抹消することを違憲ではないとした判決もある (最高裁判決平成10年4月24日，判時1640号123頁)．

公務員の人権　　現行法上は，公務員は一般国民と異なり，政治的行為の制限 (国家公務員法102条，地方公務員法36条等) や団結権や団体交渉権，争議権等の労働基本権の制限 (国家公務員法98条，地方公務員法37条等) を受けている．具体的には，国家公務員法102条1項は，職員は，政党又は政治目的のために，寄附金その他の利益を求め，若しくは受領し，又は何らかの方法を以ってするを問わず，これらの行為に関与し，あるいは選挙権の行使を除く外，人事院規則で定める政治的行為をしてはならない，としている．このことをどう解するかが問題になる．

公務員の人権の制約については，特別権力関係の理論で説明されるべきでないことはすでに述べた．しかし，憲法は，公務員を「全体の奉仕者」として位置づけている (15条)．このことは公務員の人権を制約する根拠になるであろう

か.「全体の奉仕者」というのは，一党一派，特定の利益集団に奉仕するものであってはならないことを意味するのであり，公務員の職務遂行の指導理念の宣言と考えるべきである．そこから一般に公務員の政治的行為やストライキの禁止を引き出すことはできないであろう．もし，職務の内容や権限に即してこれらの制限が必要であるとしても，それは個別具体的に考えるべきであり，また，最小限度のものに止まらなければならない．

　最高裁は，郵便局員の業務外での政治的行為の禁止・処罰の合憲性が争われた猿払事件（昭和49年11月6日，刑集28巻9号393頁）で「公務員の政治的中立性を損なうおそれのある公務員の政治的行為を禁止することは，それが合理的で必要やむをえない限度にとどまるものである限り，憲法の許容するところであるといわなければならない．」とした．

　この最高裁判決は，政治的行為の制約を間接的，付随的なものと理解しようとしているが，その制約は業務外にまで及んでおり，市民としての政治的行為の自由が表現の自由（憲法21条）の1つとして保障されていると解される以上，そのような制約が必要やむをえない最小限のものといえるかについて疑問がある．しかし，このような最高裁の姿勢は，その後も踏襲されている．裁判官の政治的意見の表明についても裁判官の独立，中立・公正の確保との関係が問題になり，その市民的自由について諸外国と比べて規制が厳しすぎると批判されているが，最高裁は裁判官の市民的自由について消極的である（寺西裁判官事件，最高裁大法廷決定平成10年12月1日，民集52巻9号1761頁を参照）．

2　人権と公共の福祉

（1）　公共の福祉による人権の制限

日本国憲法における公共の福祉　　日本国憲法において人権は最大限に尊重されるべきものとされているが，無制限のものではない．人権の限界として公共の福祉による制限があげられる．しかし，公共の福祉という不確定な概念で人権が制約されることについては人権保障が意味をなさなくなるのではないかとの疑念が生じるであろう．

　憲法12条は公共の福祉のために自由及び権利を利用する責任を国民に課

し，13条は「生命，自由及び幸福追求に対する国民の権利については，公共の福祉に反しない限り，立法その他国政の上で，最大の尊重を必要とする．」と規定する．一方，22条において，公共の福祉に反しない限り，居住，移転及び職業選択の自由を保障する．また，29条は，「財産権の内容は，公共の福祉に適合するやうに，法律でこれを定める．」と規定する．公共の福祉については，二重のレベルで規定されているのである．このことをどのように解するかが1つの問題となろう．

これについては，12条，13条にいう公共の福祉は，法的意味のない倫理的なものと解する考え方がある．しかし，このような見解は12条，13条自体の規範性を弱めてしまうという問題がある．12条，13条の場合は，内在的制約を意味し，22条，29条の場合は政策的制約を意味すると考える見解もある．この場合は，公共の福祉のもつ意味を2つに分け，後者には積極的な意味を認めるのである．

内在的制約　　内在的制約とは，人権という観念が本来もっている限界である．フランス人権宣言は，「自由は，他人を害しないすべてをなし得ることに存する．その結果各人の自然権の行使は，社会の他の構成員にこれら同種の享有を確保すること以外の限界をもたない．これらの限界は，法によってのみ，規定することができる．」としている．社会のすべての構成員の人権が相互に保障されるべきである以上，そこから生じる制約は認めなければならない．どのような自由・人権も他者のそれを侵害してまでこれを主張することはできないことはいうまでもなかろう．

政策的制約　　これに対して政策的制約とは，現代の国家が適正な社会秩序を維持発展するために経済過程に積極的な介入を行い，また，社会的弱者保護の観点から経済的自由権に種々の制約を課すことがむしろ要請されているとの発想から出発している．人権の観念の発展の中で生存権や労働基本権等の社会権が登場したこと，社会権を保障するためには経済的自由権の保障の意味が変化せざるをえないとの認識がある以上，政策的な観点からの経済的自由権についての制約は広く受け入れられるであろう．このような観点からの制約については，立法府（国会）の判断が尊重され，裁判所は違憲判断を差し控えるべきであるともされるのである．

(2) 現代国家における公共の福祉

経済的自由と公共の福祉　裁判所が公共の福祉論によって安易に人権を制約する議論をとってきたこともあって，公共の福祉論については警戒視するむきもある．しかし，現代国家において公共の福祉が経済的自由権を制約し，社会正義を実現するために一定の積極的な意味をもつことは否定できないであろう．

最高裁も小売市場事件判決（最高裁大法廷判決昭和47年11月22日，刑集26巻9号586頁）において「憲法は，全体として，福祉国家的理想のもとに，社会経済の均衡のとれた調和的な発展を企図しており，その見地から，すべての国民にいわゆる生存権を保障し，その一環として，国民の勤労権を保障する等，経済的劣位に立つものに対する適切な保護政策を要請していることは明らかである．」とし，また，「憲法は，国の責務として積極的な社会経済政策の実施を予定しているものということができ，個人の経済活動の自由に関する限り，個人の精神的自由権等に関する場合と異なって，右社会経済政策の実施の一手段として，これに一定の合理的規制措置を講ずる事は，もともと，憲法が予定し，かつ許容するところと解するのが相当であ」るとした（第5章2を参照）．

違憲判決　最高裁は，職業の自由について「それ以外の憲法の保障する自由，殊にいわゆる精神的自由権に比較して，公権力による規制の要請が強く，憲法22条1項が『公共の福祉に反しない限り』という留保のもとに職業選択の自由を認めたのも，特にこの点を強調する趣旨に出たものと考えられる．」としたことがある（薬事法違憲判決，最高裁大法廷判決昭和50年4月30日，民集29巻4号572頁）．また，財産権について，「財産権は，それ自体に内在する制約があるほか，……立法府が社会全体の利益を図るために加える規制により制約を受けるものである」ことを認めた判決もある（森林法分割禁止違憲判決，最高裁大法廷判決昭和62年4月22日，民集41巻3号408頁）．しかし，これらの判決は，経済的自由に対する制約を違憲とした．経済的自由権は，内在的制約にとどまらず，政策的観点からする公共の福祉による制約に親しむものであることは裁判においても広く認められているが，規制の態様によっては違憲の判断を受けることもあるのである．

第3章　個人の尊重と包括的人権

1　個人の尊重と幸福追求権

（1）　憲法13条について

現代の人権論　現代の人権をめぐる議論は多様であるが，「個人の尊重」と「幸福追求権」の問題（憲法13条）が，1つの柱になっているといえよう．個人の尊重＝尊厳という観念は，近代社会の根底にある考え方であり，啓蒙期の思想にも見ることができる．それは戦後多くの国（とくにファシズムを経験した国）で人権を構成する際の出発点にもなった．それらが民主主義の基礎にあり，日本国憲法の基盤であることは否定できない．

これらが現代の状況（たとえば情報化，環境問題の深刻化，医学・医療の発達，戦争・軍事紛争の深刻化等）の中で人間存在が不確かになるにつれて，今一度新しい意味が問われ，そこからいわゆる新しい人権が主張される根拠となっていることも注目されるべきである．時には個人の尊重が，労働基本権等の集団的権利の主張によって軽視されたこともあったが，今日，労働基本権等も個人の尊重と両立しうるように解釈する必要性が主張されている．

憲法13条の意味　憲法は，14条（平等権の保障）以下で個別の人権を保障しているが，これとの関係で13条をどのように位置づけるべきかという問題がある．これについては，13条を一般的自由権を保障したものと解する見解と人格権的価値にかかわるものと解する見解がある．

前者の見解は，憲法の自由と人権のリストは歴史的に認められた重要なものを拾いあげたもので，網羅的ではない．これ以外にも名称が付されていない自由や権利があり，それらは一般的な自由として幸福追求権の一部をなすとする．後者の見解は，13条の例示にしたがい，幸福追求権を生命，身体や精神の

自由，プライバシー等の人格的利益にかかわるものとする点で，その範囲が少し限定されることになる．しかし，多くの人権が個別の人権規定によってカバーされており，13条に根拠を求めなければならない人権は，結局，人格権的な性格をもつことが多いこと，一方，人格権的利益といってもかなり広くこれを解することができる（「幸福」には「私的幸福」のみならず，公的事柄について討論し議決するような「公的幸福」まで含むとする説もある）から，現実にはそれほど大きな差があるとはいえないであろう．

　個人の尊重　　憲法13条がうたう「個人の尊重」は，個人主義（それは他人の犠牲の上に自己の利益を追求する利己主義とは別のものである）の原理の宣言と解される．全体の利益の名のもとに個人が犠牲にされてはならない．全体主義についての歴史的経験を通じて，我々は，個人が尊重されない社会がどのようなものであったかは，よく知っているはずである．「個人の尊重」には，人間の尊厳＝個人の尊厳という意味も含まれていると解される．そのような意味では，「個人の尊重」は，理性的な人格を備えた個人の自律的自由を最大限に保障することに帰結するであろう．

　しかしながら，「個人の尊重」が，個人の自律的生き方のみを保護しているとすることはできないであろう．個人の生き方はさまざまであり，すべての人が自律的な生活を常に貫いて生きているわけでもない．自律的な生き方ができない状況にある人もいる．社会権の保障を見れば明らかであるように，社会的弱者の保護も憲法上の要請である．憲法の個人の尊重の原理は，このような弱い個人も含め，現実の人間の存在を包括的に尊重することであろう．

　幸福追求の権利　　憲法13条は，個人の尊重とともに生命，自由並びに幸福追求権を保障している．幸福追求権という観念は，古くはジョン・ロックの思想にさかのぼることができる（ロックは，生命，自由，財産〈property〉という概念を示していた）．

　幸福追求権は，アメリカの独立宣言においてもうたわれた．アメリカ独立宣言は，「すべての人間は平等に造られ，造物主によって，奪うことのできない一定の権利を与えられており，そのなかには生命，自由および幸福の追求が含まれる．」と述べている．

　今日，幸福追求権（生命，自由も人間の基礎的利益であるので幸福追求権に含めて語

られることが多い）を新しい人権の母胎としてとらえる主張がある．いずれにしても幸福追求権は，幅広い概念であり，その内容については多くの議論がある．

（2） 個人の尊重と幸福追求権に関する裁判例

判例の流れ　個人の尊重，幸福追求権に関する判例としては，古くは賭博行為に関するものがある．最高裁は，賭博行為は一見各人に任された自由行為に属するように見えるが，怠惰浪費の弊風を生じ，勤労の美風を害し，副次的犯罪を誘発または国民経済の機能に重大な障害を与えるおそれすらあるので，公共の福祉に反する，と判示した（最高裁大法廷判決昭和25年11月22日，刑集4巻11号2380頁）．

受刑者の頭髪の強制丸刈りについて，髪型の自由が憲法13条の趣旨からして保障されていないわけではないとしながらも，合理的な制限として許されるとした例（東京地裁判決昭和38年7月29日，判例時報342号4頁）がある．喫煙の自由が憲法13条の保障する基本的人権に含まれるとしても，煙草は生活必需品とまではいうことができないから，あらゆる時，所において保障されなければならないものではないとしたもの（最高裁大法廷判決昭和45年9月16日，民集24巻10号1410頁）もある．

いわゆるどぶろくの製造が酒税法違反（酒の無免許製造）として起訴された事件では，裁判所は「物を造るということには，その物を造る過程を楽しむという意味において幸福追求権の行使であり，また物を造ることで自己表現をしているという意味で表現行為であるという側面があるにしても，生活に必要な物を造る行為自体は，利潤目的を有するか否かを問わず経済的活動である」とした（東京高裁判決昭和61年9月29日，高刑集39巻4号357頁）．このような評価が，全面的に正しいかどうかは別にしても，この事件で問題になった自由が国家財政の見地から制限されることはやむをえないであろう．

判例の展開　一方，少数民族が固有の文化を享有する権利を自己の人格的生存に必要なものととらえ，これを保障することは，個人を実質的に尊重することになると同時に多数者が社会的弱者についてその立場を理解し尊重しようとする民主主義の理念にかなうものと考えられるとした判決（二風谷ダム事件札幌地裁判決平成9年3月27日，判時1598号33頁）がある．この判決は，個人の尊重と

民主主義の理念という形であるが，裁判所が初めて少数民族（アイヌ民族）の権利に言及した点で画期的なものであるといえる．

また，従軍慰安婦制度が女性の人格の尊厳と民族の誇りを甚だしく汚すものとし，個人の尊重，人格の尊厳，軍国主義への反省に依拠する日本国憲法のもとで元慰安婦の苦痛への配慮措置をしなかった国の法的責任を認めた判決（関釜元慰安婦訴訟山口地裁判決平成10年4月27日，判時1642号24頁）も注目すべきであろう．「らい予防法」（廃止）をハンセン病予防の必要を超え患者の幸福追究権を過度に制限していると判断した判決もある（熊本地裁判決平成13年5月11日，判時1748号30頁）．

幸福追求権は，包括的な人権であるから，裁判でこれに依拠して主張がなされ，論議される場合が多い．それゆえ議論は多様にわたることになるが，プライバシーの権利や自己決定権等のより具体化された権利の問題として議論することができるのであれば，そのようなものとして検討する方がより内容のあるものとなろう．

2　プライバシーの権利と自己決定権

(1)　プライバシーの権利

プライバシーの法的保護　プライバシーという言葉は，今日，日常用語として広く使用されるようになっているが，この言葉が日本で定着したのはそれほど昔ではない．先駆的にプライバシーの観念を展開したアメリカを除けば，世界的に見てもこの観念が定着したのは戦後のことである．

今日の日本では，プライバシーの権利は，民法上保護されるようになってきているが，刑法上は一般的には保護されていない（信書の開封等を処罰する規定はある）．また，民法の規定でもこの言葉が明記されているのではなく，解釈の上で認められるようになったものである．民法710条は，名誉権を非財産的権利（人格権）として保護しているが，プライバシー権には触れていない．しかし，マスコミの発達した現在，個人の尊厳を維持するためにはプライバシーの法的保護は不可避であるから，民法710条の保護する人格権の中にこれを含ませる解釈をとる必要がある．ちなみに民法2条は，個人の尊重を解釈原理とし

ている.

　プライバシーの権利の憲法上の根拠を求めるとすると，13条があげられる．日本国憲法はプライバシーの権利を保障した直接的な規定をおいていないが，個人の尊厳という基本的価値とつながるプライバシーの権利を排除しているとは考えられない．プライバシーの尊重は，個人を支える私的な領域，空間を認め，これに立ち入らないようにすることであり，プライバシーの権利は，ひとりで放っておいてもらう権利ともいわれることがある．憲法13条にいう個人の尊重と幸福追求の権利はその基礎を与えるものであると考えることができよう．

　プライバシーの権利の展開　プライバシーの権利は，最初は主として知られたくない権利として主張された．それは誰でも秘密にしておいてほしい事柄，公開を欲しない部分を有しており，それを保護することが必要であるとの認識のもとに議論された．しかし，それは，やがて私事を公開されない権利から一歩進んで私事に対する干渉，介入からの自由として主張されるようになった．

　確かに個人の尊厳を支える基盤としてプライバシーを考えるのであれば，権利概念の拡大は当然といえよう．このような状況のもとでプライバシーの権利は，私生活の自由を意味するようになった．このような考え方をさらに進めれば，どのように生きるか，どのような人生を送るかというライフスタイルの自由の問題になってくるであろう（アメリカでは妊娠中絶の権利や尊厳死の権利もプライバシーの権利として議論されている）．

　ところで，プライバシーの権利は，私生活の自由さらにはライフスタイルの自由を意味する（その意味では自己決定権につながる）一方，今日では，自己情報に対するコントロール権を意味するまでに広げられ議論されるようになっている．それは，ある意味では，本来のプライバシーの観念すなわち知られたくない権利の系譜につながるものである．

　情報化社会と呼ばれる現代社会においては，自己情報について知られたくないという消極的なレベルを超えて，より積極的にこれを構成して個人の尊厳を維持すべきであるとの考え方が必要であるとされ，このような考え方によって，いわゆる自己情報コントロール権が主張されるようになった．

　自己情報コントロール権　情報化社会の到来に伴って，プライバシーの権利を自己情報コントロール権として理解しようとする考え方が重要性を帯びて

きている．自己情報コントロール権とは，個人には自己の情報について開示を求め，場合によっては訂正や削除も要求しうる権利があるとするものであるが，このことは他方，行政に対して大きな責任を課すことになる（京都中京区事件，最高裁昭和56年4月14日判決，判時1001号3頁等を見よ）．そもそも個人情報は本人のものであり，原則として，他者が勝手に収集したり，利用したりできないものとの認識がそこにあるといえる．

　個人の情報は，本人がコントロールしうるという考え方は，コンピュータ・ネットワークが進み，個人情報の思いがけない流出，加工，改竄の危険性が増大し，深刻な被害の発生が危惧される現在，きわめて重要な意味をもつであろう．

　遺伝子解析研究とプライバシー保護　　最近，遺伝子解析研究の進展があり，これをめぐりプライバシーの保護，自己情報コントロール権が問題になっている．遺伝子情報は「究極のプライバシー」ともいわれ，個人の存在の生物学的基礎を明らかにしてしまうが，一方，それが「生命の設計図」でもあり，その解析研究が生命の根源に手を入れることにもなりかねないから，暴走しないような歯止めが必要である．個人の遺伝子情報の研究には，試料提供者の匿名化の原則や研究者の個人情報についての守秘義務と同時に研究の透明性の確保が要求されるのである．

　個人情報保護のための法制度　　個人情報を制度的に保護するために，地方自治体で個人情報保護条例が制定されている（情報公開条例で個人情報の保護を図っている例もある）．今日，行政が集積している個人情報は膨大なものになっており，また，それがオンライン化され，利用の便が進むとともにプライバシーの侵害等の危険性も増大している．これについて一定の歯止めをし，個人情報の保護を図り，また，個人の自己情報コントロール権を保障する必要がある．

　個人情報保護条例では，個人情報の収集と保管の制限が掲げられるのが普通である．個人情報の収集は原則として本人から行い，その保管は適正・公正になされなければならない．個人の思想，信条，宗教その他個人の人格的利益に重大な影響を与えるようなセンシティブ情報（それはしばしば社会的差別の原因にもなる）の収集・保管は原則として禁止される．また，個人情報の利用，提供についても制限がされる．

　個人情報の利用，提供は，原則として収集目的の範囲内でなされるべきであ

る．さらに，個人情報は本人の請求に応じて開示されること，必要な場合には訂正・削除等の措置がとられることがうたわれている（これらが行政によって拒否された場合，公正な第三者的機関——審査会等——による迅速な救済が保障される）．これは，いうまでもなく自己情報コントロール権の保障を意味する．

　国のレベルでは，1988年，「行政機関の保有する電子計算機処理に係る個人情報に関する法律」が制定され，1999年には「不正アクセス行為の禁止等に関する法律」が制定され，ある程度個人情報の保護がなされるようになったが，これでは不十分であり，包括的に個人情報を保護する法律が必要であると主張された．とくに住民基本台帳法の改正にともない住民情報のネットワーク化が個人情報の流出の危険を増大させるとの指摘があり，その結果，「行政機関の保有する個人情報の保護に関する法律」やいわゆる個人情報保護法（個人情報の保護に関する法律）が制定された（2003年）．

　個人情報保護法制定をめぐっては，個人のプライバシー保護を進める点で評価されるべきであるが，表現の自由・報道の自由等の規制につながるのではないかとの危惧が示された．とくに同法が個人情報保護の取得に際して利用目的の通知等を要求しているから，マスコミ等の取材活動が妨げられるとの強い批判がだされた．結局，報道機関，著述業者，学術団体，宗教団体，政治団体の業務を対象としないこととなったが，個人情報保護と表現の自由・報道の自由と調整は微妙で困難な問題であるといえよう．

　個人情報保護法は，個人情報保護取扱業者に対して種々の制約を加えている．個人情報取扱業者は，本人の同意を得ないで特定された利用目的の達成に必要な範囲を超えて個人情報保護を取り扱ってはならず，本人からデータの内容が事実でないという理由によってその訂正，追加または削除を求められた場合は，利用目的の達成に必要な範囲において，遅滞なく必要な調査を行い，当該個人データの内容の訂正等を行わなければならない等の義務を課しているのである．

　個人情報保護法はその後改正され（2017年5月施行），指紋認識データや運転免許番号などを個人識別符号として保護の対象とし，また差別や偏見につながるおそれがある人種・信条・病歴などが含まれる個人情報を「要配慮個人情報」として本人の同意なく集めたり，外部に提供することが禁止された．一方，個

人情報を誰の情報か分からないように加工し匿名化した「匿名加工情報」については本人の同意がなくても外部に提供できるようになった.

(2) 判例の展開

「宴のあと」事件　　わが国ではじめてプライバシーの権利を認めたのは，三島由紀夫が書いたモデル小説『宴のあと』をめぐる事件についての東京地裁判決（昭和39年9月28日，下民集15巻9号2317頁）である. 同判決は，つぎのように述べた.

　私事をみだりに公開されないという保障は，不法な侵害に対して法的救済が与えられる人格的な利益であり，いわゆる人格権に包摂されるが，なおこれを1つの権利と呼ぶことを妨げるものではなく，「プライバシーの侵害に対し法的な救済が与えられるためには，公開された内容が（イ）私生活上の事実または私生活上の事実らしく受け取られるおそれのあることがらであること，（ロ）一般人の感受性を基準にして当該私人の立場に立った場合公開を欲しないであろうと認められることがらであること，換言すれば一般人の感覚を基準として公開されることによって心理的な負担，不安を覚えるであろうと認められることがらであること，（ハ）一般の人々に未だ知られていないことがらであることを必要とし，このような公開によって当該私人が実際に不快，不安の念を覚えたことを必要とするが，公開されたところが当該私人の名誉，信用というような他の法益を侵害するものであることを要しない」「元来，言論，表現などの自由の保障とプライバシーの保障とは一般的にいずれが優先するという性質のものではなく，言論，表現などは他の法益すなわち名誉，信用などを侵害しないかぎりでその自由が保障されているものである. このことはプライバシーとの関係でも同様であるが，ただ公共の秩序，利害に直接関係のある事柄の場合とか社会的に著名な存在である場合には，ことがらの公的性格から一定の合理的な限界内で私生活の側面でも報道，論評などが許されるにとどまり，たとえ報道の対象が公人，公職の候補者であっても，無差別，無制限に私生活を公開することが許されるわけではない.」

　この判決は，プライバシーを法的に保護される権利であることを明らかにしたが，そのことは多くの支持を受け，判例の中でもこれを受け継いでプライバ

シーの権利が確立していった.

その後の判例の流れ　プライバシーの権利としてどのようなものが保護されるかは，微妙な問題があろう．プライバシーの権利がある意味で主観的な要素を含むこと，表現の自由，報道の自由と衝突することが多いことなどから生じる問題は解決が容易ではない．裁判所は，前科について，人の尊厳にかかわる情報であるから，著作に実名をもって公表することは，特段の事由がない限りプライバシーの不当な侵害になるとした（ノンフィクション『逆転』事件，東京高裁平成元年9月5日，高民集42巻3号325頁）が，このような判断は広く支持されるであろう．

　自分の姿を写真などで撮影されない権利があるかどうかが問題になる．この権利は，プライバシーの権利の1つと考えてよいが，独立させて肖像権としてとらえることもできる．判例の中にもこのような権利を認めた例がある．最高裁は，個人の私生活の自由の1つとして，何人も承諾なしに，みだりに容貌・姿態を撮影されない自由を有し，これを肖像権と称するかどうかは別として，警察官が正当な理由なく個人の容貌などを撮影することは，許されないが，現に犯罪が行われ若しくは行われた後間がないと認められる場合で，証拠保全の必要性・緊急性があり，その撮影が一般的に許容される限度を越えない相当な方法をもって行われるときには，警察官による撮影は許容される，とした（昭和44年12月24日，刑集23巻12号1625頁）.

　また，最高裁判例は，自動速度監視装置による運転者の容貌の写真撮影については，現に速度違反が行われている場合に，犯罪の性質，態様からいって緊急に証拠保全をする必要があり，その方法も一般的に許される限度を超えない相当なものであるから，同乗者の容貌を撮影することになっても許容される，という（昭和61年2月14日，刑集40巻1号48頁）.　一方，裁判所による令状なしに行った警察による自動車へのGPS設置について違法との判断を示した最高裁判例（平成29年3月15日，刑集71巻3号13頁）もある.

　指紋についての判決もある．最高裁は，個人の私生活の自由の1つとして，何人もみだりに指紋押なつを強制されない自由を有し，国家機関が正当な理由もなく指紋の押なつを強制することは，憲法13条の趣旨に反するが，外国人登録法の指紋押なつ制度は，外国人の居住関係及び身分関係を明確にするための

最も確実な制度であり，その立法目的には合理性・必要性があるとした（平成7年12月15日，刑集49巻10号842頁）．

　氏名の呼称については，最高裁は，氏名を正確に呼称される利益は，氏名を他人に冒用されない権利・利益と異なり，その性質上不法行為法上の利益として必ずしも十分に強固なものとはいえないから，他人に不正確な呼称をされたからといって，直ちに不法行為が成立するというべきではない，とする（昭和63年2月16日，判時1266号9頁）．この判決は，プライバシーの権利という語を用いていないが，同趣旨のものが問題にされたと考えることができる．

　エイズ報道事件訴訟（大阪地裁判決平成元年12月27日，判時1341号53頁）では，エイズで死亡した女性の写真雑誌社等の報道について，裁判所は，故人の名誉を著しく毀損し，かつ生存者の場合であればプライバシーの権利の侵害となるべき故人の私生活上他人に知られたくないきわめて重大な事実ないしそれらしく受け取られる事柄を暴露したものであるが，このような報道により故人の両親である原告らは，故人に対する敬愛追慕の情を著しく侵害されたものと認められる，とし，死者のプライバシーの権利の保護を認めた．

　少年法61条は，少年の実名報道を禁止しているが，凶悪重大な犯罪事件では社会の正当な関心事として実名報道も許されるとした判決がある（大阪高裁判決平成12年2月29日，判時1710号121頁）．しかし，少年法61条が，少年の健全に成長する権利と同時に少年の名誉権，プライバシーの権利を保護するものである以上，実名報道は当該少年に対する人格権侵害行為となるとした判決もある（名古屋高裁判決平成12年6月29日，判時1736号35頁）．

　その他，プライバシーに関する判例としては，差止めの可能性を認めた「エロス＋虐殺」事件（東京高裁判決昭和45年4月13日，高民集23巻2号172頁）や差止めを是認した「石に泳ぐ魚」事件（最高裁平成14年9月24日，判時1802号60頁）が注目されよう．大学が講演会に出席する学生の氏名，学籍番号，住所等を無断で警察に開示したことがプライバシーを侵害するとした「江沢民早大講演会訴訟」判決（最高裁平成15年9月12日，民集57巻8号973頁）．他人の保有する個人情報が真実に反して不当であって，その程度が受忍限度を超えて損害を被るときは，本人はその情報の訂正ないし抹消を請求しうる場合があることを認めた在日台湾人身分調査票訂正請求事件（東京高裁判決昭和63年3月24日，判時1268号15頁）は個

人情報コントロール権につながるものとして重要である．

（3） 私事と自己決定権

プライバシー権から自己決定権へ　すでに触れたように，プライバシー権が私生活の自由さらにはライフスタイルの自由までを意味するようになると，それはもはや生き方の自由を意味するようになった．その場合，各自は自己の生き方について決定する権利があると考えられるから，これを自己決定権と呼ぶこともできる．

自己決定権は，自らの責任において自らの生き方を決定する権利である．それは，本来個人は他人の権利を侵害しない限り，自由に生きる権利を持つとの考え方，社会においてまず尊重されるべきは個人であるとする個人主義の原理，個人の自律に対する信頼を背景にもつ．個人は，自己に対して責任を負うかわりに自由をもつとされるのである．ただし，自己決定権の内容に何を含ませるかについては議論が分かれるであろう．私事については自己決定権が認められるべきであろうが，完全に私事といえるものはそれほど多くはない．

最近はいわゆる尊厳死の問題も議論されている．妊娠中絶についても自己決定権との関係で問題にされよう（アメリカではこれらはプライバシー権として議論された）．生殖補助医療（出生前診断等）についても議論がある．これらは生命の尊厳と衝突する問題でもある．

判例の中での自己決定権　髪型については，幸福追求権の1つとして判例が言及してきたことはすでに触れた．これを自己決定権として論じた判決もある．東京地裁平成3年6月21日判決（判時1388号3頁）は，パーマを禁止する高等学校の校則についての裁判において「髪型決定の自由が個人の人格価値に直結することは明らかであり，個人が頭髪について髪型を自由に決定しうる権利は，個人が一定の重要な私的事柄について，公権力から干渉されることなく自ら決定することができる権利の一内容として憲法13条により保障されていると解される．」とした．しかし，当該校則は特定の髪型を強制するものではないこと，また，原告が本高校に入学する際，パーマが禁止されていることを知っていたことを理由に，同校則は髪型決定の自由を不当に制限するものとはいえない，とした．

その他にも自己決定権と関係する判例として，たとえば高校でのバイク禁止についてのいくつかの判決がある．いわゆる校則が問題になり，その適法性が争われたが，これについては判例は，一貫して学校側の裁量の範囲の問題としているといってよい．

（4） 生命，健康に関する自己決定権

生命倫理と自己決定　　以上のように，自己決定権についての判例はかなり多様な分野にわたっており，その内容に必ずしも統一性があるわけではない．確かに，微妙な問題は多くあろう．しかし，もっぱら自己にかかわる問題，私事については，裁判所も本人に決定権があることに理解を示すようになってきているといえる．ただし，判例は，髪型については，人格価値にかかわるものではあるが，人格的価値の周辺部の問題であり，それがもっている意味はそれほど大きくないと考えているようである．もし，そのような見解が妥当だとしても，生命や健康については同様の判断はできないはずである．

医学，医療技術の進歩は人間に大きな恩恵をもたらしたが，困難な問題も生じさせている．たとえば，延命措置技術の発達は，脳死状態という，以前は考えられなかった問題を生じさせたし，出生前診断の進歩，遺伝子診断の開発は病気の予測を可能にしたが，出産に悩みをもたらした．その他，安楽死，尊厳死，人工妊娠中絶，生殖に関する種々の問題（着床前診断，男女産み分け，代理母等）があり，激しい論議の的になっている．女性のリプロダクティヴ・ライト（生殖に関する権利）が主張されているが，胚や胎児の「生命」権の尊重との関係は議論の対立するところである．

生命や健康は，人間存在を直接支えるものである．基本的に生命や健康に対する自己決定権は尊重されなければならないが，しかし，多くの困難な倫理的，法的問題も内包している．この分野では従来予想もされなかった新しい問題が生じており，解決は簡単ではない．

医療における自己決定権　　現在，医療の場では，インフォームド・コンセントの重要性が認識されるようになってきている．インフォームド・コンセントの前提には生命・身体や健康は患者自身のものという考え方がある．インフォームド・コンセントとは，適切かつ十分な説明を受け，理解した上での自

主的な同意（拒否や選択を含む）という意味である．インフォームド・コンセントの原則は患者の自己決定権の中核である．インフォームド・コンセントや医療における自己決定権は，しだいに定着しつつあるといってもよいが，現実にはガンの告知等困難な問題がある．

いわゆる安楽死については古くから議論されてきたが，従来は違法性が阻却されるかどうか，もし阻却されるのならどのような条件が存在するときかが論争の中心であった．しかし，東海大学安楽死事件判決（横浜地判平成7年3月8日，判例タイムズ877号148頁）では，安楽死をめぐってはじめて自己決定権に言及された．このことのもつ意味は軽視されるべきではなかろう．尊厳死の問題もまた，望まない治療からの自由であり，生命に対する自己決定権の問題である．

同種の問題としては，信仰にもとづく輸血拒否をめぐる問題もある（この問題には自己決定権と信教の自由が重なっているといえる）．東京高裁（平成10年2月9日，判時1629号34頁）は，「エホバの証人」の信者である患者の輸血拒否の意思表示にもかかわらず，輸血を強行した手術に対して，このような手術を行うに際しては，「患者の同意が必要であり，それは尊厳死を選択する自由も含めて，各個人が有する自己の人生のあり方は自らが決定するという自己決定権に由来する」とした．医師の救命義務との関係では，医師の「治療方針が患者の思いと一致しなければ，医師はそのことを患者に説明し，それでも治療や手術を受けるかどうか，選択する機会を与えるべきであった」と判示した．患者の自己決定権を原則的に認めた判決として評価できよう．

最高裁も「患者が，輸血を受けることは自己の宗教上の信念に反するとして，輸血を伴う医療行為を拒否するとの明確な意思を有している場合，このような意思決定をする権利は，人格権の一内容として尊重されなければならない」とした上で医師の側の説明義務違反を認定した（最高裁判決平成12年2月29日，民集54巻2号582頁）．高裁の判断が支持されたのである．現在，多くの病院では，成人については宗教上の信念にもとづく輸血拒否を認めるようになっているが，子供の場合，どうするのかという問題等が残されている．

近年，ホスピス運動が展開され，末期の患者の残された人生の生き方を尊重する考え方が支持をえるようになってきている．ホスピスとは，ひとりの人間がその人らしく最後まで生き抜くことを援助する理念であり，一種のターミナ

ル・ケアのプログラムである（ホスピスはキリスト教的な背景をもつ言葉であり，仏教ではビハーラと呼ばれている）．

　ホスピスとは具体的には，負担を伴う延命治療（手術等）を受けないで，限りある命を精神的（宗教的）に豊かに生きることを患者が自らの判断によって選ぶことを認め，選択した結果を支援することである．そこでも患者の自己決定権が認められなければならない．また，その前提として，病名の告知等がなされなければならない．ホスピスもまた，救命，延命を最大の目標とする伝統的な医療観，医の倫理と衝突するが，患者の自己決定権を優先する方向で整備がなされるべきであろう．

3　環　境　権

（1）　公害と環境権

　環境権の主張　　近代になって人類の生活は大きく変化した．科学・技術の進歩，生産力の発展は人類に大きい利便を与えたが，反面，公害，環境破壊などの害悪をもたらした．特に1960年代のいわゆる高度経済成長期以降，深刻な公害問題が発生し，各地で公害裁判が闘われた（四日市，水俣等）．国民は生命・健康に対する権利を有しており，これらの侵害に対しては法的救済が可能であると考えられるが，環境そのものの破壊に対して従来の理論では十分に対応しきれない．

　そこで主張されたのが，環境権であり，国民は自己をとりまく良き環境を保全し，享有する権利を有しているとの考え方を内容とするものである．環境権は，人の生命や健康に現実の被害がでる前の段階で意味をもつ．しかし，それだけに伝統的な法的考え方になじまない面がある．また，環境権侵害を主張しうるのは誰かという問題については議論があるし，環境権の客体については，歴史的・文化的環境（歴史遺産や文化財）にまで広げる主張もあり，そうなるとその範囲が不明確になるという問題もある．一定の限定をした上で権利構成をすべきであろう．

　環境権の憲法上の根拠とすれば，憲法13条および25条（健康で文化的な最低限度の生活を営む権利の保障）があげられよう．わが国の法律では，環境権そのもの

を権利として明確に認めたものはない（環境基本法も環境権という語を使用していない）が，学説の中では環境権の主張は有力になってきており，地方自治体の条例には環境権を宣言したものも登場している．地域住民への産業による公害被害だけでなく，地球温暖化やオゾン層破壊等の地球規模での環境問題が深刻になっている現在，未来の人々のためにも環境権についての議論を深める必要があろう．

裁判の中での環境権　一般に裁判所は環境権について消極的な態度をとっている．たとえば，名古屋新幹線公害訴訟高裁判決は，実定法上何らの根拠もなく，権利の主体，客体及び内容の不明確な環境権なるものを排他的効力を有する私法上の権利であるとすることは法的安定性を害するとして，環境権の権利性を否定した（昭和60年4月12日，下民集34巻1～4号461頁）．

しかし，大阪国際空港公害訴訟の控訴審判決（昭和50年11月27日，判時797号36頁）は，人間として生存する以上，平穏，自由で人間たる尊厳にふさわしい生活を営むことも最大限尊重されるべきであり，憲法13条はその趣旨に立脚し，憲法25条も反面からこれを裏付けており，このような個人の生命，身体，精神及び生活に関する利益は，各人の人格に本質的なものであって，その総体を人格権ということができる，とした．この判決は，環境権という観念を採用していないが，人格権を積極的に解釈することによってそれに近づいているといえる．

また，景観訴訟において侵害行為が社会的に相当性を欠くとまではいえないとして救済を認めなかったが，良好な景観の恵沢を享受する利益を承認した例もある（国立景観権訴訟最高裁判決平成18年3月30日，民集60巻3号948頁）．

また，下級審においては，環境権は実定法上明文の根拠はないが，権利主体となる権利者の範囲，権利の対象となる環境の範囲，権利の内容は，具体的・個別的な事案に即して考えるならば，必ずしも不明確であるとはいえないとして，環境権にもとづく差し止め請求を適法とした判決（女川原発訴訟仙台地裁判決平成6年1月31日，判時1482号3頁．控訴審も同旨．仙台高裁判決平成11年3月31日，判時1680号46頁）がある．

（2）環境保護法制

公害防止・環境保全のための規制　近年，公害防止・環境保全のために種々

の法規制がなされるようになっている．大気汚染防止法，水質汚濁防止法は無過失責任の原則を採用している．ＰＰＰ（汚染負担者の原則）を取り入れた公害防止事業費事業者負担法も制定されている．

廃棄物処理法は，廃棄物の発生者に発生の抑制を求めている．「エネルギーの使用の合理化に関する法律」（省エネ法）は，エネルギー使用量の抑制を図るための施策について規定している．特定家庭用機器再商品化法（家電リサイクル法と略称されている）は，エアコン，テレビ，冷蔵庫，洗濯機をゴミとして排出することを禁じ，小売業者に引き渡すことを義務づけている．「特定物質の規制等によるオゾン層の保護に関する法律」のように特定の汚染源を規制する法律もある．「人の健康に係る公害犯罪の処罰に関する法律」は，いわゆる環境刑法の一種であり，事業活動にともなって人の健康に影響を与える公害を生じさせる行為に刑罰を与えるものである．

環境基本法その他の法制度　　環境基本法は，健全で恵み豊かな環境の恵沢の享受と継承をうたい，環境の保全は，環境への負荷の少ない健全な経済の発展を図りながら持続的に発展することができる社会が構築されること，科学的知見の充実のもとに環境の保全上の支障が未然に防がれることを旨として行われなければならないと規定する．それは，公害対策を柱とする環境行政から，環境負荷を低減し，環境保全上での支障を防止する環境行政への転換を示したものといわれている．

被害者救済のための法律である「公害健康被害の補償等に関する法律」は，加害者による被害者への損害賠償では十分にカバーできない被害を救済するものである．この法律は，被害の事後救済の面では大きな意味をもつが，環境問題については，政策や計画決定の段階から市民・住民が参加する制度も重要である．

環境アセスメントに関して，環境影響評価法が制定された（1997年）．環境影響評価法はさらに改善すべき点を含むとはいえ，環境影響評価書等の公告・縦覧手続きを定め，市民等が意見を提出する機会を設けていることは注目に値しよう．すでに触れたように，いくつかの地方自治体の条例を除けば，環境権という用語は現行法制度上使用されていないが，被害者救済を確実にし，政策決定への市民の参加を基礎づけるためにも，環境権を憲法上の人権（新しい人権）

の1つとして位置づけることが重要であろう．

　公害・環境に関しては，各地方自治体の条例も相当数制定されている．これらのなかには公害防止のため国の基準より厳しい基準を設定しているもの（いわゆる「上乗せ条例」）もあり，これらの点で国よりも先進的であると評価できる．環境問題については，国際的な枠組みを設定することも重要であろう．地球規模での環境問題に対応する必要があるからである．たとえば「持続可能な発展」を構築するために「気候変動枠組み条約」等の多くの国際条約がつくられている．

第4章　法の下の平等

1　法の下の平等の意味

(1)　平等の観念の歴史

　平等は自由とともに，封建的身分制を打破し，近代立憲主義を確立する理念であった．しかしながら平等の観念は，とくに自由との関係において，歴史的な変遷をとげている．近代立憲主義の確立期にあたる19世紀には，国家の役割を必要最小限度に抑制することによって個人の自由を保障しようと考えられていた（消極国家・夜警国家）．したがってそこでは，平等は，すべての個人に均等に自由な活動を保障するという形式的平等（「機会の平等」）として観念されていた．つまり，各人の能力や努力の差によって生じる結果の違いは「自己責任」の問題であって，国家の関与することではないとされていたのである．

　ところが，資本主義の発達にともない，持てる者と持たざる者との格差がますます拡大し，国家が「結果の不平等」を「自己責任」として放置することの問題性が認識されるようになった．そこで，実際に存在する不平等を是正し，実質的平等（「結果の平等」）を実現することが国家の役割として理解されるようになる（積極国家・福祉国家）．20世紀の国家には，経済的・社会的弱者をより厚く保護することが求められるようになったのである．

　このように，平等の観念は，形式的平等から実質的平等へと発展してきたといえる．しかし，「自己責任」に基づく自由な競争が社会を活性化させると考える立場は，実質的平等の実現には批判的である．努力した者とそうでない者との間に結果に差があるのは当然だ，というわけである．とくに財政破綻などが危惧される近年，各人の「自己責任」を強調することで，再び国家の役割を縮小しようという動き（新自由主義）も見られる．そしてこの動きは，経済のグ

ローバル化が進行するなか,「国際競争力の強化」を至上命題とする財界の要求とも合致した.

　実質的平等をどこまで実現するべきかという問題は,自由と平等との関係をどうとらえるか,という非常に困難な問題に行き着く.たしかに,実質的平等のもと,完全な「結果の平等」を実現することは,個人の自由を制限することにもつながり,妥当ではない.しかし,人間としてギリギリの生活すらできない人を生みだすような自由競争社会を国家が放置することも許されない.また,現実に大きな格差が存在する限り,そもそも自由な競争のスタートライン自体に差があり,本当の意味での自由な競争すら成り立たないといえる.したがって今日,実質的平等という思想を抜きにして平等の意味を考えることは適切ではない.

　アファーマティブ・アクション　　この点に関連して,アメリカでは,「機会の平等」の実質的確保という観点から,歴史的に差別を受けてきたグループ,とくに黒人や女性に対し,大学入学や雇用等につき特別枠を設けて優先的に処遇を与える,アファーマティブ・アクション（積極的差別解消策）が立法等を通じて進められてきた.日本で行われてきた,被差別部落解消のための同和対策事業や,女子にのみ入学を認める国立大学の設置などが積極的差別解消策といえるであろう.もっともこのような政策も,行きすぎると「逆差別」として平等違反になったり,かえって差別を固定化するとの指摘もある.アファーマティブ・アクションをめぐっては,時代状況も含め個別の判断が必要となるが,同時に,多様な人々が共存するためにどのような社会をつくるべきか,という議論も必要であろう.

(2)　法の下の平等

　日本国憲法14条1項は,「すべて国民は,法の下に平等であつて,人種,信条,性別,社会的身分又は門地により,政治的,経済的又は社会的関係において,差別されない」と定めている.この規定を解釈するにあたっては,いくつかの問題がある.

　絶対的平等と相対的平等　　この規定は,国家が特定の人々を有利に扱ったり,不利に扱ったりすることを禁じるものである.もっともこのことは,すべ

ての人々を機械的に一律同等に扱えという絶対的平等を意味しているわけではない．人にはそれぞれ，性別，年齢，能力，職業，財産・収入などさまざまな点において違いがあり，この違いを無視して同等に扱うと，かえって不合理な結果をまねくことになる．とりわけ実質的平等という思想からすると，財産や収入の差にもかかわらず，あらゆる人から同額の税を徴収したり，あらゆる人に生活保護として同額の給付を行うことは，明らかに不合理である．つまり，憲法が要請している平等とは，国家は各個人の違いに応じて等しく扱えという相対的平等なのである．

　判例も，憲法14条の平等の要請を「国民に対し絶対的な平等を保障したものではなく」，「事柄の性質に即応した合理的な根拠に基づくものでない限り，差別的な取扱いをすることを禁止する趣旨」と理解している (最高裁大法廷判決昭和39年5月27日，民集18巻4号676頁)．したがって，たとえば労働条件について女子を優遇するといったことが，ただちに違憲になるわけではなく，そのような優遇措置が「合理的な取扱い上の違い」(合理的差別・区別) に当たるか否かを，個々具体的ケースの中で判断しなければならない．もっとも，「合理的な取扱い上の違い」との名目で，差別が正当化されることのないよう注意深く判断しなければならない．

　立法者拘束説と立法者非拘束説　　憲法14条1項前段の規定が「法の下」の平等であるため，文言を形式的に解釈すると，憲法が要請している平等とは，法適用の平等であって法内容の平等ではない，との立場 (立法者非拘束説) がある．しかし現在，判例および多数説は，法そのものの内容も平等でなければならないとの立場 (立法者拘束説) にたっている．

　14条1項列記事由　　憲法14条1項は「人種，信条，性別，社会的身分又は門地により，……差別されない」と，5つの事由を列記している．人種については，アメリカの黒人差別問題が象徴的であるが，日本ではアイヌ民族の問題が重要である．信条は，宗教上の信仰にとどまらず，広く思想上・政治上の主義をも含むと解されている．

　戦前日本の家制度の歴史のもと，今日でも未解決の問題が多いのが性別による差別である．たとえば，民法の定める婚姻適齢年の区別 (男子18歳・女子16歳，民法731条) や女性にのみ課される再婚禁止期間 (民法733条) の合憲性，さらに

は夫婦同氏の原則（民法750条）の当否などが争われている．最近では，セックス（生物学的・肉体的性差）とジェンダー（社会的・文化的に形成された性別）とを区分し，とりわけ後者による差別は絶対に許されない，とする見解も有力である．

社会的身分をめぐってはさまざまな説があるが，一般には「人が社会において一時的ではなく占めている地位で，自分の力ではそれから脱却できず，それについて事実上ある種の社会的評価が伴っているもの」と解され，被差別部落出身といったことがこれにあたるとされる．また，非嫡出子たる地位や尊属・卑属たる地位がこれにあたるかいなかについては議論が分かれている．最後の門地とは家柄のことである．

さて，差別が禁止されるのはこの5つの事由に限定されるとする（制限列記）か，この5つの事由は例示的なものにすぎないとする（例示列記）かが問題となる．列記事由以外でも，不合理な差別は禁止されると解するべきであるが，人種・性別・社会的身分・門地といった人の生まれによって決定されたり，自分の力では脱却できないものや，信条のように個人の本性に根差し，民主主義の基盤となるものによる差別は，原則として不合理なものといえよう．

2　法の下の平等をめぐる判例

（1）　違憲審査の基準

憲法上禁止される「差別」か，憲法上許される「合理的な取扱い上の違い」かを判断するにあたっては，その異なった取扱いの根拠（何を基礎にしているか）と対象（いかなる権利・利益についてか）とを吟味する必要がある．そのさい，14条列記事由と「二重の基準」の考え方を手掛かりとして，立法目的と立法目的を達成する手段の2つの側面から合理性の有無を判断するのが妥当であろう．

まず，異なった取扱いの根拠が，人種・信条・性別といった，14条の列記事由に基づくものであるならば，その立法は「厳格な基準」（厳格な審査までは要求しないが，立法事実に立ち入って審査すべきとする，「中間審査」の立場も有力である）で審査されるべきである．すなわち，立法目的が「やむにやまれぬ」重大なものであり，かつ目的達成の手段が必要不可欠のものであることを要求する．さらに，そのような取扱い上の違いが合憲であることを，公権力の側が論証しなけ

ればならない，と解すべきである．

　次に，異なった取扱いの対象が，精神的自由や選挙権など民主主義の前提となる問題についてであれば，「二重の基準」の考え方に基づいて，やはり「厳格な基準」で審査されるべきである．他方，経済的自由の積極目的によって生じる問題など，それ以外の問題で，かつ取扱いの違いの根拠も，14条の列記事由以外のものであるならば，立法目的が正当なもので，目的達成の手段が合理的であれば足りると解してよいであろう．

（2）　尊属殺重罰規定違憲判決

　法の下の平等をめぐる問題で，今や「古典」ともいえる重要なものが尊属殺重罰規定の合憲性の問題である．普通殺人について刑法199条は，「人を殺した者は，死刑又は無期若しくは3年以上の懲役に処する」としているのに対して，刑法200条は「自己又ハ配偶者ノ直系尊属ヲ殺シタル者ハ死刑又ハ無期懲役ニ処ス」と，普通殺人に比べて尊属殺に重罰を科していた．このような取扱い上の違いが，法の下の平等に反しないかがこの問題である．当初，最高裁は「夫婦，親子，兄弟等の関係を支配する道徳は，人倫の大本」であるとの立場から，刑法200条が平等原則に違反しないことは明らかである，とした（最大判昭和25年10月25日，刑集4巻10号2126頁）．

　しかし，1973年，実父に夫婦同様の関係を強いられ，実父との間に数人の子まで生んだ被告人が，虐待にたまりかねて実父を殺害し自首した事件で，最高裁は刑法200条を違憲無効とし，刑法199条の普通殺人罪を適用して2年6カ月の懲役，執行猶予3年の刑を言い渡した（最大判昭和48年4月4日，刑集27巻3号265頁）．

　この事件で最高裁の8裁判官の多数意見は，「尊属に対する尊重報恩は，社会生活上の基本的道義というべく，このような自然的情愛ないし普遍的倫理の維持は，刑法上の保護に価する」と，立法目的は合理的であるとした．しかし，「加重の程度が極端であって，前示のごとき立法目的達成の手段として甚だしく均衡を失し，これを正当化しうべき根拠を見出しえないときは，その差別は著しく不合理なもの」として違憲となるとし，「刑法200条は，尊属殺の法定刑を死刑または無期懲役刑のみに限っている点において，その立法目的達成のため必要な限度を遥かに超え，普通殺に関する刑法199条の法定刑に比し著しく

不合理な差別的取扱いをするものと認められ，憲法14条1項に違反して無効である」と判断した．つまり，立法目的達成手段として不合理であるとしたのである．それに対して，6裁判官の少数意見は，立法目的それ自体を違憲としている．

　争点の1つは，尊属たる地位が14条列記の「社会的身分」にあたるかいなかで，これにより，審査基準が異なることになる．しかしそもそも，尊属に対する尊重報恩といった倫理観を法律で強制することが妥当であろうか，しかもそのような倫理観は，日本国憲法が否定したはずの封建的な家制度に基づくものではないか，このような点を考えると立法目的それ自体が不合理だといえよう．なお，国会は20年以上たった1995年，刑法改正によって200条・205条2項を削除している．

（3）　主要な判例

日産自動車事件　　かつて日産自動車株式会社は，就業規則で定年を男子満55歳，女子満50歳と定めていた．そこで，満50歳となり退職を命じられた女性職員が，このような差別的な定年制度は男女平等の原則に反し違法であると訴えた．この事件で最高裁は，「就業規則中女子の定年年齢を男子より低く定めた部分は，専ら女子であることのみを理由として差別したことに帰着するものであり，性別のみによる不合理な差別を定めたものとして民法90条の規定により無効であると解するのが相当である」と判示した（最判昭和56年3月24日，民集35巻2号300頁）．つまり，憲法14条の「法の下の平等」の原則を，民法90条の「公ノ秩序」の解釈を通じて，株式会社という私的団体（私人）の行為に間接的に適用したのである．この判決は，学説からもおおむね支持されている．

女子再婚禁止期間事件　　民法は女性にのみ6カ月の再婚禁止期間を規定している（733条）．そこで民法733条は憲法および国際法（世界人権宣言，国際人権規約および女性差別撤廃条約）に違反するとして，国会の立法不作為に対し国家賠償が請求された．最高裁は，この規定の立法趣旨は「父性の推定の重複を回避し，父子関係をめぐる紛争の発生を未然に防ぐことにある」とし，先例（最判昭和60年11月21日，民集39巻7号1512頁）のいう，立法の不作為の違憲訴訟が成立するための要件たる「例外的な場合」にあたらない，と判断した（最判平成7年12月5日，判時1563号81頁）．

本件では、性別による異なった取扱いが、立法不作為の違法性の問題として争われたため、緩やかな基準で審査された。しかし本来であれば、厳格な基準で審査されるべきであろう。このような観点から、学説は、父性の推定の重複を回避し、父子関係をめぐる紛争の発生を未然に防ぐという立法目的自体は正当であるが、その目的を達成するための手段、つまり 6 カ月の再婚禁止期間は妥当でないとする。第 1 に、民法772条 2 項は「婚姻成立の日から200日後又は婚姻の解消若しくは取消の日から300日以内に生まれた子は、婚姻中に懐胎したものと推定する」と規定しており、論理的には、父子関係の紛争を防ぐには、禁止期間は100日で足ることになる。第 2 に、現行制度は事実婚（内縁関係）を阻止できない以上、かえって私生児を産ませ父子関係をより混乱させる。第 3 に、現代の医学技術の下、父子関係の特定は困難でない。これらの理由から、女性のみの 6 カ月の再婚禁止期間は、必要不可欠の手段とはいえず、妥当でないとする。また100日を超えない期間についても、妊娠していないことが証明できる女性にまで一律に課すことが問題視されてきた。

このようななか、2015年に最高裁大法廷は、民法733条 1 項の再婚禁止期間のうち100日を超える部分については、憲法14条 1 項・24条 2 項に違反するとした（最大判平成27年12月16日、民集69巻 8 号2427頁）。もっとも、民法733条を改正しない立法不作為に対する国家賠償請求は斥けている。なお、この判決には再婚禁止期間規定自体が不合理な差別で憲法に反するといった意見も付されている。

非嫡出子相続分規定事件　民法900条 4 号但書きは、非嫡出子（婚外子）に嫡出子（婚内子）の 2 分の 1 の法定相続分しか認めていない。この規定の違憲性が争われた事件において、最高裁多数意見は、「本件規定の立法理由は、……法律婚の尊重と非嫡出子の保護の調整を図ったもの」で合理的根拠があり、また非嫡出子の法定相続分を嫡出子の 2 分の 1 としたことは、立法理由との関連において著しく不合理で、立法府に与えられた合理的な裁量判断の限界を超えたものとはいえず、憲法14条 1 項に反しない、と判示した（最大決平成 7 年 7 月 5 日、民集49巻 7 号1789頁）。

これに対して反対意見は、社会の意識の変化や諸外国の立法の趨勢といった立法事実の変化を重視しつつ、より厳格な審査基準を用いて、自己の出生につ

いて責任を負わない非嫡出子をそれを理由に法律上差別することは，法律婚の尊重という立法目的の枠を超えるものであり，立法目的を達成する手段に実質的合理的関連性は認められないとした．また非嫡出子の保護という立法理由については，右規定が非嫡出子は嫡出子に劣るとの観念を社会的に受容させる重要な一因となっていることを指摘して，「今日の社会の状況には適合せず，その合理性を欠く」と述べた．

　嫡出や非嫡出たる地位は，14条列記の「社会的身分」に該当し，これに基づく異なった取扱いは，原則として不合理な差別といえる．したがって，反対意見の方が妥当であろう．この問題は，その後も最高裁小法廷にてたびたび争われているが，いずれも僅差で合憲判決が繰り返されてきた．

　このようななか，2013年に最高裁大法廷は全員一致で民法900条4号但書きを憲法14条1項に違反するとした（最大決平成25年9月4日，民集67巻6号1320頁）．最高裁は，諸外国での立法動向や家族をめぐる社会意識の変化に触れたうえで，「父母が婚姻関係になかったという，子にとっては自ら選択ないし修正する余地のない事由を理由としてその子に不利益を及ぼすことは許されず，子を個人として尊重し，その権利を保障すべきであるという考えが確立されてきている」とし，遅くとも，事件となった相続が行われた2001年7月の段階においては，「嫡出子と嫡出でない子の法定相続分を区別する合理的な根拠は失われていた」と決定した．なお，2013年12月5日に民法が改正され，900条4号但書きは削除された．

国籍法違憲事件　法律婚をしていないフィリピン人の母と日本人の父との間に生まれた姉妹がいた．父は，姉につき出生後に認知したが，妹については胎児認知（民法783条1項）をしたため，出生による国籍の取得要件を定める国籍法2条1号（「出生の時に父又は母が日本国民であるとき」）により，姉はフィリピン国籍だが妹は日本国籍を取得できた．2008年に改正される前の旧国籍法3条1項は，「父母の婚姻及びその認知により嫡出子たる身分を取得した子で20歳未満のものは，認知をした父又は母が子の出生の時に日本国民であつた場合において，その父又は母が現に日本国民であるとき，……日本国籍を取得することができる」と定めていた．そのため生まれた子どもが非嫡出子の場合，出生後に両者の婚姻により嫡出子たる身分を取得した（準正のあった）場合に限って

届出による日本国籍の取得が認められることになっていた．はたして認知されただけの子と準正のあった子の間の格差は憲法上容認できるのだろうか．

　最高裁は，日本国籍は我が国にて基本的人権の保障，公的資格の付与，公的給付等を受ける上で「重要な地位」であるが，嫡出子かどうかは子が自らの意思や努力で変えることのできないものであるゆえ，「慎重な検討」が必要だとした．そのうえで，国籍取得にあたって「日本との密接な結びつき」の指標として準正を要件としたことに合理性はあったが，その後の立法事実の変化により現在では合理性はなく違憲だとし，日本国民たる父によって認知されたにとどまる子にも，届出による国籍取得を認めるべきだとしたのである（最大判平成20年6月4日，民集62巻6号1367頁）．

第5章 自由権

1 精神的自由権

(1) 思想・良心の自由

思想・良心の自由の保障の意味　日本国憲法19条は「思想及び良心の自由は，これを侵してはならない.」と規定する. 思想・良心の自由は，内心の自由とも呼ばれる. 歴史的には信仰の自由に包含されて考えられてきたので，今日でも憲法上独立した形ではこれを保障していない国も少なくない.

「思想」と「良心」の意味については，思想とは体系的なものの考え方をいい，良心とは信仰もしくは倫理的な内容のものを指すと一応区別することはできるが，両者を厳密に区別する必要はない. いずれにしても保障されているからである. ただ，19条の保障する「思想及び良心」が広く内心の心の働きすべてを含むと考えるか，それとも世界観，倫理・道徳観など人格と深く結び付いたものに限定されるかついては議論がある.

思想・良心が内心にとどまる限り，いかなる権力も立ち入ることができないから，憲法がわざわざ保障する必要がないとも考えられる. しかし，思想・良心の自由は，個人の思想や意見・見解の表明を強制されないこと（沈黙の自由）も含むと考えられること，また，思想・良心の自由の保障は，公権力が特定の思想を強制したり，さらには個人の思想を調査することも許さないと解することができるので，その意味で憲法的保障は有益であるといえる.

思想・信条の自由は，特定の思想をもつことを理由として，不利益な取り扱いすることも許さない. 特定の思想を有しているというだけの理由で公共のサービスや職場等から排除したり昇進などにおいて差別することも許されない.

主な判例　思想・良心の自由に関する主な判例として，謝罪広告強制事件

（最高裁大法廷判決昭和31年7月4日，民集10巻7号785頁）がある．そこでは，名誉毀損に関して謝罪広告を命じること（民法723条参照）について「公表事実が虚偽且つ不当であったことを広報機関を通じて発表すべきことを求める」ものであって，「倫理的な意思，良心の自由を侵害することを要求する」ものとは解せられないとした．

また，不当労働行為に対する救済命令としてのポスト・ノーティス命令（不当労働行為と認定された旨を立看板に掲示する）について，最高裁は「不当労働行為の認定を関係者に周知徹底させ，同種行為の発生を抑制しようとする趣旨のものであり，『深く反省する』『誓約します』などの文言が用いられているが，反省等の意思表明を要求することは本命令の本旨とするところではない」とした（最高裁判決平成2年3月6日，判時1357号144頁）．これも倫理的・道徳的レベルでの反省を要求するものではないとの趣旨であると考えられる．

民間企業における思想差別問題としては三菱樹脂事件があるが，これについては，人権の私人間効力の問題として前述した．麹町中学校内申書事件では第1審判決は，「公立中学校においても生徒の思想，信条によって分類評定することは違法である」とした（東京地裁判決昭和54年3月28日，判時921号18頁）が，最高裁は，内申書に「思想，信条そのものを記載したものでないことは明らかであり，記載にかかる外部行為によっては思想，信条を了知し」えないとした（最高裁判決昭和63年7月15日，判時1287号65頁）．

また，最高裁は，強制加入の税理士会による政治献金を目的とした特別会費強制徴収に関して会員の思想・信条の自由を侵害するとの判断を示した（南九州税理士会事件）が，これについても前に触れた．

現在，「国旗及び国歌に関する法律」が制定されているが，公権力が国民に対して国旗・国歌の受け入れを強制し，それを拒絶した場合に不利益な処分を課することになれば思想・信条の自由を侵害するといえよう．しかし，学校行事における国家斉唱に関して起立しなかった教員についての処分があらそわれた事件において，職務命令は教員の思想・良心の自由を侵害したものとはいえないとした判決（最高裁判決平成23年5月30日その他）や学校行儀に際して保護者へビラ配布や大声での呼びかけを威力業務妨害罪が成立するとした判決（最高裁判決平成23年7月7日）がある．

（2） 信教の自由と政教分離原則

信教の自由　憲法20条は，信教の自由を保障する．信教の自由とは，単に宗教を信じる自由（信仰の自由）を意味するのではない．それは，宗教の自由のことであり，その内容は，信仰の自由，宗教行為の自由，宗教的集会・結社の自由からなっている．これらの自由が保障されているとは，信仰，宗教行為，宗教的集会・結社について強制・禁止・不利益な取り扱いをされないという意味であり，公権力に対しては強制・禁止・不利益取り扱いを禁止するということである．

信仰の自由とは，信仰する宗教の選択，変更（転宗）だけでなく無信仰や反宗教の立場をとることも含まれる．信仰告白をする自由，しない自由（沈黙の自由），宗教教育を受ける自由，受けない自由も保障される．内心における信仰の自由は絶対的に保障される．

宗教的行為の自由とは，礼拝，祈祷などの儀式，祭典，行事等の宗教活動全般を行い，または参加する自由であり，宗教的行為への参加を強制されない自由も含む．

宗教的集会・結社の自由とは，信仰を同じくする人々が共同して宗教活動をする目的で集会をもち，団体を結成する自由である（このような集会，団体から離脱・脱会する自由も保障される）．宗教団体の自由（自律権も含む）もそのような個人の結社の自由の延長上に認められる．

信教の自由の限界　信教の自由にも，限界がある．内心にとどまる信仰については，制約は一切許されないが，外部にはたらきかける宗教行為，宗教的結社の自由については制約される場合がある．宗教行為であってもそれが犯罪を構成すれば処罰される．

祈祷傷害致死事件では，加持祈祷により少女を死亡させ，傷害致死の罪（刑法205条）に問われた祈祷師が，自己の行為を宗教行為の自由（信教の自由）を根拠に正当化しようとしたが，最高裁は，「被告人の本件行為は，一種の宗教行為としてなされたものであったとしても，それが他人の生命，身体等に危害を及ぼす違法な有形力の行使にあたるものであり，これにより被害者を死に致したものである以上，被告人の右行為が著しく反社会的なものであることは否定し得ないところであって，憲法20条1項の信教の自由の保障の限界を逸脱した

ものというほかはなく，これを刑法205条に該当するものとして処罰したことは，何ら憲法の右条項に反するものではない．」と判示した（最高裁大法廷判決昭和38年5月15日，刑集17巻4号302頁）．

信教の自由も絶対無制限のものではないから，たとえ宗教行為であってもそれが他人の生命や身体を侵害することが許されないのは当然であろう．各人は他人の権利を侵害しない限度において自由をもつのであり，信教の自由についてもそのことは変わりない．

信教の自由の限界については，しかし，微妙な問題がある．いわゆる牧会権事件判決（神戸簡裁判決昭和50年2月20日，判時768号3頁）は，キリスト教の牧師には迷える羊に対して「魂への配慮」をし，養い育てる（牧会する）宗教上の職責があることを認めた．判決はその上で，本件被告人（牧師）の行為は，自己を頼ってきた迷える2人の少年の魂の救済のためになされたもので，形式上犯人蔵匿の罪に当たるとしても宗教行為の自由が基本的人権として憲法上保障されていることに配慮すれば国家権力は謙虚に自らを抑制し，寛容をもってこれに接しなければならない，とし，牧師の行為を正当業務行為（刑法35条）として違法性を阻却するものとした．

このような判断は，宗教の社会的機能，宗教者の社会的役割を認めたものといえよう．エホバの証人の輸血拒否をめぐる裁判も信教の自由を拡充した点で注目されるが，これについてはすでに触れた．

新しい問題　信教の自由をめぐっては新しい問題が生じている．それは，いわゆる「カルト」をめぐる問題であり，その中には宗教法人の解散問題，団体規制法の制定，いわゆる霊感商法等をめぐる問題がある．オウム真理教解散命令事件において，最高裁は，宗教法人法のよる解散命令の制度について，専ら宗教法人の世俗的側面を対象とするもので，宗教団体や信者の精神的・宗教的側面に容喙する意図によるものでないことを理由に合憲とした（最高裁決定平成8年1月30日，民集50巻1号143頁）．

団体規制法は，オウム真理教およびその後継団体に適用されている．霊感商法については，その目的，方法，結果の社会的相当性を問題にし，もっぱら利益獲得のため，不安をあおり，困惑に陥れる方法が取られる場合には，不法行為が成立するとする一連の判例がある．

宗教的人格権　　信教の自由に関してはいわゆる宗教的人格権も議論されてきた．宗教的人格権は，従来の信教の自由を拡大するものである．自衛官合祀訴訟1審（山口地裁判決昭和54年3月22日，判時921号44頁）は，宗教的人格権を他人から干渉を受けない静謐の中で宗教的感情をめぐらせる自由として承認した．

　宗教的人格権は，従来の信教の自由がその内容としてきたものとは異なっており，ある宗教を信じるように強制されない自由ではなく，ある宗教行事に参加することを強制されない自由でもない．それは，静謐な宗教生活を送る自由を意味している．

　しかし，自衛官合祀訴訟最高裁判決（大法廷判決昭和63年6月1日，民集42巻5号277頁）は，信教の自由が何人にも保障され，自己の信仰する宗教により宗教的行為をする自由が誰にも保障されていることを理由にいわゆる宗教的人格権の存在を否認した．最高裁は，何人にも自己の信仰と相容れないものについて寛容が要請されるとも述べている．宗教的人格権は，一連の靖国神社公式参拝訴訟においても問題になったが，判決はいずれも宗教的人格権を主観的な感情にすぎないとして否定した．

　政教分離制の下では宗教は私事として位置づけられるが，宗教は個人の「魂」の根拠として，いわば私事中の最も奥深いものとして保護される．宗教が私事として他人の干渉から自由なものとして位置づけられるなら，宗教に対する強制や禁止を超えて宗教的人格権（この言葉にこだわる必要はなく，宗教的プライバシー権といってもよい）を認めることも可能であろう．

　政教分離原則　　憲法は，20条1項後段，同条3項および89条で政教分離原則を規定している．政治と宗教の癒着は，政治の腐敗と宗教の堕落を招くことが多い．宗教的権威への批判は異端として弾圧され，政治は自己を権威づける手段の1つとして宗教的権威を利用することによって自らに対する批判を封殺することができる．

　宗教の権威を借りる政治が民主主義と相いれないことはいうまでもない．また，宗教の側もしばしば政治を利用することで自己の勢力を拡大し，特権をうることで他の宗教に対する優位を保とうとするが，そうすれば特権と引き換えに自己の自由な宗教活動への制約を受けることになり，その結果，宗教としての活力を失い，衰退の道を歩むことになろう．

政教分離とは宗教に対する国家の中立性と世俗性（そこから宗教の私事性が引き出される）ということができようが，それは憲法の基底原理として位置づけられなければならない．政教分離原則は，宗教にいかなる意味においても公的な地位を認めず，これを個人の私的事項とする．日本国憲法の政教分離原則は，宗教を敵視するものではない（この点は時には誤解されることもないわけではない）．政教分離原則は，宗教を個人的な問題としてその多様で豊かな発達を保障する制度であるといえる．

　憲法の政教分離を考える際には，いわゆる国家神道体制の問題を抜きにすることはできない．国家神道体制のもとでは，神社神道は宗教ではなく，国家の祭祀として国民が崇敬すべきものとされた（神社非宗教論）．明治憲法は「安寧秩序ヲ妨ケス臣民タルノ義務ニ背サル限ニ於テ信教ノ自由」を保障していたが，神社が宗教でない以上，その崇敬を国民に要求・強制することは可能であった．

　このような国家神道体制の否定の上に現行憲法が成立したことを忘れるべきではない．そのことはいわゆる靖国問題を考える際にも前提になる．

　靖国問題　　靖国神社をめぐっては戦前の軍国主義との関係，そして戦後もA級戦犯を合祀したことからも国が特別の関わりをもつことは国際問題にもなっている．中国や韓国は，首相の靖国神社公式参拝について批判している．

　靖国問題は，もちろん政教分離の問題でもある．公式参拝に関しては度々裁判になっているが，信教の自由や宗教的人格権等の侵害を主張する原告らについて被侵害利益がないとして，すべての裁判において原告側が敗訴している．しかし，判決の中には，公式参拝は政教分離違反あるいはそのおそれがあるとしたものがある．首相の公式参拝については，これを積極的に合憲とした判決は存しない．

　目的効果基準　　国家神道体制という歴史的経験を考えた場合，政治と宗教の分離は，完全分離が理想であるといえるが，国家の活動分野の拡大により両者がかかわりをもたざるをえない場合も増えてきたことも事実である．とはいえ，本来，憲法によって公権力は宗教とのかかわりを否定されているのであるから，やむをえない理由がない限り，宗教とのかかわりを回避することが当然要請されよう．そこで厳格な分離が基本となろう．

しかし，最高裁は神道式の起工式（地鎮祭）への公金支出についての住民訴訟である津地鎮祭訴訟（最高裁大法廷判決昭和52年7月13日，民集31巻4号533頁）において政教分離原則を緩やかに解釈し，いわゆる目的効果基準を採用して，憲法20条3項で禁止される国家や国の機関等の宗教活動を限定した．目的効果基準とは，国の機関等が宗教とかかわりあいをもつ場合，その目的が宗教的意義を有するかどうか，その効果が宗教に対する援助，助長，促進あるいは圧迫，干渉になっていないかどうかによって憲法上許容されるか否かを判断しようとするものである．

最高裁の採用した目的効果基準に関してはその後の政教分離が争われた裁判で，同一の審査基準を適用しているにもかかわらず下級審の判断が正反対の結論に分かれることが多かった．一方，最高裁では目的効果基準を緩やかな分離を前提として適用するのが通例（たとえば，大阪地蔵像訴訟最高裁判決，平成4年11月16日，判時1441号57頁，箕面忠魂碑訴訟最高裁判決，平成5年2月16日，民集47巻3号1687頁）であったが，これに対しては政教分離原則を形骸化するとの批判が多く出されていた．

ところが，最高裁は愛媛玉串料訴訟において厳格な分離の立場から目的効果基準を適用して，政教分離訴訟に関するはじめての違憲判決を示した（最高裁大法廷判決平成9年4月2日，民集51巻4号1678頁）．そこでは愛媛県知事の靖国神社，県護国神社への玉串料支出に関して，その目的を客観的に把握して宗教的意義を否定できないものとし，効果についても愛媛県が特定の宗教団体を特別に支援し，それらの宗教団体が特別のものとの「印象」を与えるとして，政教分離原則に違反するとの判断が示された．

この判決は，最高裁が厳格な政教分離を確認するという意味で画期的なものであり，その後，このような流れに沿った下級審判決も出ている（たとえば滋賀献穀祭訴訟大阪高裁判決平成10年12月15日，判時1671号19頁）が，最高裁は，箕面市遺族会補助金訴訟においては目的効果基準にしたがって合憲判断を示している（最高裁判決平成11年10月21日，判時1696号96頁）．

最近，最高裁は，空知太神社事件（最高裁判決平成22年10月21日）において，従来の目的効果基準とはやや異なる判断基準を示した．そこでは公民館内の神社設置について継続的な便宜提供を行ってきた従来の経緯や事情を考慮事項とし

て違憲判断がされた．

政教分離と信教の自由の「対抗」　政教分離原則は信教の自由を保障するためのものである．しかし，近年，政教分離原則を信教の自由との「対抗」的関係において援用する例が生じている．いわゆる神戸高専事件では，「エホバの証人」の教義により剣道の実技に参加しない学生に参加したのと同様の評価をするならば信教の自由を理由として有利な取扱いをすることになり，公教育に要求されている宗教的中立性や政教分離原則に反することにもなるとの主張が学校（市立）側からなされたが，最高裁（平成8年3月8日，民集50巻3号469頁）は，学校側の退学処分を裁量権の範囲を超える違法なものとし，学生の勝訴を確定した．

政教分離原則は信教の自由を支えるものであり，それが信教の自由を制約するものとして援用されるならば，そのことはやはり問題があるといえよう．なお国際化が進展するなかで，例えばイスラム教徒への配慮（公共施設中での食事の配慮や礼拝の機会の保護）が問題となろう．

（3）　学問の自由

学問の自由の内容　憲法23条は，「学問の自由は，これを保障する」と定める．明治憲法では学問の自由に関する規定はなく，諸外国の憲法にもそれを格別に保障する規定を置かないものもあるが，日本国憲法は，明治憲法の下での学問に対する不当な弾圧の歴史（天皇機関説事件や京大事件を想起せよ）を踏まえて，特に明文で保障しようとするものである．

学問は，しばしば知的権威や既製の社会通念，通説や常識を疑いこれらに異をとなえる．それゆえ社会との摩擦を生み，抑圧されることも少なくなかったが，だからこそ保障されなければならないといえるのである．学問の自由は広く国民一般に保障されているが，「大学が学術の中心として深く真理を探究することを本質とすることにかんがみて」とくに大学に保障するもの（ポポロ劇団事件．最高裁大法廷判決昭和38年5月22日，刑集17巻4号370頁）と述べられることがある．これによって大学以外の学問の自由について消極的に理解することは避けなければならない．

学問の自由とは，まず，研究の自由（何をどのように研究するかについての自由），

研究発表の自由（研究した成果を発表する自由）を意味するが，教授の自由もこれに含まれると解される．また，これらを担保するために教育機関内での自治いわゆる大学の自治も含むと解されている．

学問の自由に大学等の高等教育機関での教授の自由が含まれるとしても，この教授の自由を初等・中等教育機関の教師にも認められるかが問題となる．最高裁は，旭川学テ事件（最高裁大法廷判決昭和51年5月21日，刑集30巻5号615頁）において，教授の自由も学問の自由に含まれるとしながらも，大学の場合と異なり，普通教育においては，教師に完全な教授の自由を認めることはできない，とした．

大学の自治　　大学の自治は，憲法上学問の自由が保障されていることから当然に保障されるべき制度だと考えられている．大学の自治とは，教授・研究者の人事，施設・学生の管理について大学の自主的判断が尊重・保障されることを意味する．

大学の自治は，中世ヨーロッパ以来の長い伝統をもっている．もちろん，時代が変わり，大学を取り巻く環境も変化したが，学問がもつ特性と大学の果たす役割を認める以上，その重要性を今日でも否定することはできないであろう．現在，国立大学が法人化され，一定の地域では株式会社も大学を設置しうるようになった状況に対応して大学の自治の再認識が必要かもしれない．

大学の自治の主体は，教授会を中心とする研究者の組織体である．学生が大学の自治の担い手になるかどうかについては議論がある．大学における学生は，初等・中等教育における児童・生徒とは異なり，自主性をもち学問という営為にかかわる存在であり，研究・教育機関としての大学にとって不可欠の構成要素である．研究者の人事などには学生の関与が認められないとしても，カリキュラムの作成等には学生の参加が認められてしかるべきであろう．

新しい問題　　最近，生命科学の研究に関して倫理的問題が指摘され，これに関する規制が議論されている．世界各国でいわゆるクローン人間をつくることは人間の尊厳に反する行為として禁止しているが，わが国でもクローン人間の産生が法律によって禁止され，違反には刑罰が科せられている．人の胚を使用した研究についてもガイドライン等の制定により事実上種々の規制をしているし，生殖に関する科学技術についても制約の議論がある．

遺伝子の解析・研究についても人権上の配慮，倫理的問題への対応を無視しえない．「究極のプライバシー」といわれる遺伝子情報を保護するための一定の規制はやむをえないであろう．遺伝子治療や遺伝子組み換えになると「生命の設計図」に手を加えることから人間の存在そのものを問うことになりかねない．何らかの規制が必要であろうが，今後議論すべきことも多い．

（4） 表現の自由

表現の自由の地位　憲法21条1項は，表現の自由を保障する．表現の自由は，歴史的には言論，出版の自由が中心であったが，今日，表現の方法，メディアは多様化しているのであるから，広くさまざまな方法によって行使されることを認めなければならない．憲法も「言論，出版その他一切の表現の自由」を保障している．行動と結びつく表現も含まれる．たとえば国旗を焼くという行為もそのことによって一定の思想や意見を表現しようとすること(象徴的表現)もある．

表現の自由は，個人の存在にとって必要不可欠のものであると考えられる．個人は，内心の思想，信条などを外部に表明し他者に伝達することによって本人の自己実現をなすからである．また，それは民主社会を支える重要な柱であり，民主主義の欠くことができない構成要素であるといえる．表現の自由なくして民主主義はありえない．さらに，表現の自由は他の自由や人権を確保し，実現するための手段としても重要である．

表現の自由の重要性に鑑み，表現の自由は，他の自由権とくに経済的自由に比して優越的地位に立つとされる．経済的自由権については，政策的観点から公共の福祉による制約がなされているが，表現の自由にはこのような制限は許されない．

表現の自由の保障とは，何人も表現行為において公権力によって強制や禁止をされないことを意味する．このような表現の自由は，思想，信条などを表明する自由というだけでなく，事実や情報を伝える自由すなわち報道の自由も含むものと解されている．ただ今日では，表現行為が相手方を当然想定していることから，表現の受領者の「知る権利」をも念頭において議論がされている．

「知る権利」は，情報伝達手段の高度化に伴うマス・メディアによる伝達手

段の独占によって一般国民が一方的に情報の受領者の地位に固定化されつつある状況の下で，表現の自由を従来の情報の「送り手」という観点よりも情報の「受け手」である一般国民の立場から構成し直す視点から主張されている．「知る権利」は，また，主権者である国民に政策の妥当性を判断する材料を提供する必要があるとの観点からも議論されている．

合憲性判断基準　前述のように，表現の自由は他の自由権とくに経済的自由権に比較して優越的な地位にあるといわれる．そのため，表現の自由を制約する法律の合憲性が争われる場合には裁判所は他の自由権よりも厳格な審査基準を適用して表現の自由を保障しようとする方法が考えられる（二重の基準論）．

このような基準として，具体的には，「明白かつ現在の危険」のテスト，「漠然性ゆえに無効」の法理（明確性の原則），「過度の広範性ゆえに無効」の法理，事前抑制禁止の法理等が主張されているが，これらはアメリカで展開された理論に依拠している．

「明白かつ現在の危険」のテストとは，表現の自由の行使によって重大な害悪が生じるという危険が切迫しており，かつ表現行為と害悪発生の因果関係が明白である場合にのみ表現の自由が規制できるというものである．わが国においては下級審ではこれによって判断したものもあるが，最高裁の判決でこのテストを採用したものはない．

最高裁は，破壊活動防止法違反事件において，扇動を人に対して「犯罪行為を実行する決意を生ぜしめ又は既に生じている決意を助長させるような勢のある刺激を与える行為」と定義して，同法の扇動行為の処罰を合憲とした（最高裁判決平成2年9月28日，刑集44巻6号463頁）が，これでは実際には違法行為に直結しない抽象的な危険を生み出すにすぎない言論まで規制してしまう．学説では，「明白かつ現在の危険」のテストを発展させたブランデンバーグ原則（差し迫った違法行為を扇動するものであり，かつ結果として違法行為を生み出す危険性が高い場合にのみ規制できる）の採用が提唱されているが，裁判所は消極的である．

「漠然性ゆえに無効」の法理では，表現の自由を規制する法令はその法文が明確なものでなければならず，規制範囲が明確でない法令は本来自由な表現活動に不当な萎縮効果をもたらすとして無効とされる（しかし，徳島市公安条例事件では最高裁は，「交通秩序を維持すること」という文言を抽象的ではあるが，明確性を欠く

ものとはいえないとした．大法廷判決昭和50年9月10日)．「過度の広範性ゆえに無効」の法理は，法令の規定自体は明確であるとしても，その規制範囲が広範に過ぎ，憲法上規制することが許されない行為までも規制の対象としている場合，これを無効とするものである．これらの法理は，法令の文言の審査のみで違憲と判断するので文面審査の手法といわれる．

　事前抑制の禁止と検閲　　思想の自由市場を確保するため表現の自由に対する事前抑制は原則として禁止される．とりわけ検閲は絶対的に禁止される．憲法21条2項は，検閲の禁止を明言しているが，これは戦前の日本の経験からすると重要な意味をもっている．

　検閲について，札幌税関検査事件（最高裁大法廷判決昭和59年12月12日，民集38巻12号1308頁）は，検閲を「行政権が主体となって，思想内容等の表現物を対象とし，その全部又は一部の発表の禁止を目的として，対象とされる一定の表現物につき網羅的一般的に，発表前にその内容を審査した上，不適当と認めるものの発表を禁止すること」と定義し，当該税関検査についてはすでに国外において発表済みのものであり，事前の発表を禁止していないから検閲に当たらないとした．しかし，今日，検閲を情報の受領前を基準に考えるべきとの説が有力であり，その立場からは最高裁判決は批判されよう．

　教科書検定も検閲にあたるかどうかの問題があるが，判例は検閲に該当しないとしている．教科書検定は，教育権の所在の問題にも関係する．教科書検定が争われたいわゆる家永訴訟については後に触れる．

　事前抑制について，裁判所による出版の差止めが問題になった．最高裁は，北方ジャーナル事件（最高裁大法廷判決昭和61年6月11日，民集40巻4号872頁）において，裁判所の命じる差止めは検閲には該当しないとしつつも，表現についての事前抑制は原則として許されないが，真実でないこと，公益目的でないことが明らかな表現行為で，それによる権利侵害が重大であり，回復困難である場合には例外的に認められるとした．

　報道の自由　　マス・メディアの報道の自由は，国民の「知る権利」に資するものとして憲法上保障されると考えられる．報道の自由の前提としての取材の自由（取材源の秘匿を含む）もそれに派生して保障されていると考えるべきであろう．

最高裁は，北海タイムス事件（最高裁大法廷判決昭和33年2月17日，刑集12巻2号253頁）において「およそ，新聞が真実を報道することは，憲法21条の認める表現の自由に属し，またそのための取材活動も認められなければならない」と判示した．

また，博多駅テレビフィルム提出命令事件（最高裁大法廷決定昭和44年11月26日，刑集23巻11号1490頁）では，報道の自由について，報道が民主主義社会において国民の政治参加に際して重要な判断資料を提供し，国民の「知る権利」に奉仕するものと位置づけ，憲法21条の保障のもとにあるとし，取材の自由については，憲法21条の精神に照らし，尊重に値するものと述べた．この事件においては，公正な刑事裁判の実現のためのテレビフィルムの提出命令が報道の自由，取材の自由を侵害するかどうかが問題になったが，最高裁は，他に有力な証拠をえることが不可能である場合は提出命令は是認されるとした．しかし，このような考え方が，その後，検察や警察によるビデオテープの押収にまで拡大適用されていることは問題とされるべきであろう．

報道の自由，取材の自由に関しては，外務省機密漏洩事件（最高裁決定昭和53年5月31日，刑集32巻3号457頁）においても確認されている．同事件では，外務省事務官に秘密の漏洩をそそのかした新聞記者の行為が国家公務員法111条違反の罪に該当するとされたが，その際，取材活動について報道目的のために手段・方法が社会通念上是認されるものであるかぎり，正当業務行為として違法性を阻却するが，取材対象の人格の尊厳を蹂躙するような方法でなされる場合は違法性を阻却しないとされた．

しかし，レペタ事件（最高裁大法廷決定平成元年3月8日，民集43巻2号89頁）では最高裁は，取材と密接な関係にあるメモ作成行為（法廷内）について「憲法21条1項の規定によって直接保障されている表現の自由そのものとは異なるものであるから，その制限又は禁止には，表現の自由に制約を加える場合に一般に必要とされる厳格な基準が要求されるものではない」と述べている．最高裁は取材の自由について微妙な位置づけをしているといえる．

マス・メディアと国民　今日，マス・メディアは巨大な存在であり，現実には情報発信をほぼ独占しているといえる．マス・メディアとの関係では，アクセス権が議論される．

アクセス権とは，情報の受け手である国民が情報の送り手であるマス・メディアに対して自己の意見の発表の場を提供すること等を要求する権利のことであり，具体的には反論権が問題になる．最高裁は，サンケイ新聞意見広告事件において，日本共産党からの反論文の無料掲載の要求に関して，名誉毀損とまではいえない場合に無料で反論文を掲載させることは，新聞を発行，販売する者に負担を強いるものであり，その負担が公的事項に関する批判的記事の掲載を躊躇させ，表現の自由を間接的に侵す恐れがあるとして，これを退けた．公権力が報道機関等に関与することには慎重でなければならないであろう．

放送については新聞や雑誌などの印刷メディアと異なり，特別の規制が設けられている．放送法では，政治的に公平であること，意見の対立がある問題については多角的に論点を明らかにすべきこと等の番組編成上の準則が定められている（3条の2第1項）．これらの規制の根拠として，従来，電波の希少性があげられてきたが，CATVや衛星放送，さらには放送のデジタル化等によるテレビの多チャンネル化が進むなかで希少性が揺らいできており，放送についての規制を再考すべき時期がきているとする指摘もある．

表現の自由の限界　表現の自由といえども他人の権利（たとえば名誉やプライバシー）を侵害することは許されない．そこには一定の制約が存することは否定できない．ただ，表現の自由の地位に照らして制約は必要最小限度であることが求められる．内容にもとづく規制の場合は，表現内容に対する価値判断を伴わざるをえず，それが権力者の恣意にゆだねられた場合には，権力者に不都合な思想の弾圧を招きかねないので，最も厳格な審査基準を適応して規制の合憲性を審査する必要がある．

名誉毀損について最高裁は，刑法230条の2の規定は，人格権としての個人の名誉の保護と言論の自由との調和を図ったものであり，事実が真実であるとの証明がない場合でも事実が真実であると誤信したことについて相当の理由があるときは名誉毀損の罪は成立しないとした（「夕刊和歌山時事」事件．最高裁大法廷判決昭和44年6月25日，刑集23巻7号975頁）．これは表現の自由の保障に傾斜した方向での調整・調和を認めた判決と評価できる．プライバシー侵害についても表現の自由との調整が必要である（「ノンフィクション逆転」事件．最高裁判決平成6年2月8日，民集48巻2号149頁）．これについては，すでに一部触れた．

猥褻（わいせつ）表現についても多くの判例がある．チャタレー事件最高裁判決（最高裁大法廷判決昭和32年3月13日，刑集11巻3号997頁）は，猥褻文書について，いたずらに性欲を興奮または刺激せしめ，かつ，普通人の正常な性的羞恥心を害し，善良な性的道義心に反するものをいう，と定義し，芸術性をもって作品の猥褻性を否定しえないとの考え方を示した．

しかし，その後，「悪徳の栄え」事件（最高裁大法廷判決昭和44年10月15日，刑集23巻10号1239頁）では猥褻性の判断は文書全体との関係でなされるべきとの考えをとるようになり，さらに「四畳半襖の下張」事件（最高裁判決昭和55年11月28日，刑集34巻6号433頁）では思想性や芸術性を文書全体との関係の中で判断するようになってきている．

表現の自由についての判例は実に多様である．「人の看守する邸宅」に管理者の承諾なく立ち入ってビラを配布した行為を住居侵入の罪に問うことは，憲法21条1項に反しないとした判例がある（立川テント村事件，最高裁判決平成20年4月11日）．いわゆる象徴的表現に関するものでは，沖縄国体での日の丸焼却行為を象徴的表現行為であるとしても器物損壊罪等は表現行為を規制するものでないから，その適用は違憲ではないとする判決がある（福岡高裁那覇支部判決平成7年10月26日，判時1555号140頁）．いわゆるヘイトスピーチについては，これを違法とする判決もある（例えば平成25年10月7日京都地裁判決）．

商品やサービスの宣伝のための広告等の営利的表現に関する判例では，按摩師等に関する法律が広告を禁止していることについて国民の保健衛生上の見地からやむをえない措置とした例（最高裁大法廷昭和36年2月15日刑集15巻2号347頁）がある．公務員の政治的意見の表明に関しても数多くあるが，これらについては一部紹介した．

表現手段に対する規制　表現内容ではなく，時・所・方法などの表現の手段に対する規制の場合には，表現手段を変更すれば，思想内容を伝達することができるので，内容にもとづく規制より幾分緩やかな審査基準によって当該規制についての合憲性が審査される．ただし，表現手段に対する規制であっても代替手段が存在しないかあるいはそれでは意味をなさない場合には，表現そのものが実質的に否定されたのと同様になるので，内容にもとづく規制と異なるところがないといえよう．

表現手段に対する規制として，道路交通法による街頭演説の許可制（最高裁判決昭和35年3月3日，刑集14巻3号253頁），屋外広告物条例や軽犯罪法によるビラ貼り（最高裁大法廷判決昭和43年12月18日，刑集22巻13号1549頁），駅構内でのビラ配り規制（最高裁判決昭和59年12月18日，刑集38巻12号3026頁）などが問題となる．これらはいずれもいわゆる大衆的表現に含まれるものであるが，最高裁の判決は，これらの表現に好意的ではないといえる．選挙運動に関する規制（たとえば戸別訪問の禁止）もわが国では広範に行われている．これらは他の先進国には見られないものであるが，最高裁は，違憲ではないとの判断を繰り返している．

　青少年保護育成条例に関する事件において，最高裁は，有害図書の自動販売機への収納の禁止について，青少年の健全な育成を阻害する有害環境を浄化するための規制にともなう，やむをえない制約として合憲の判断をしている（最高裁判決平成元年9月19日，刑集43巻8号785頁）が，これも表現手段に対する問題といえる．

　情報公開　　今日の社会において，「知る権利」が重要な意味をもってきていることは上述した．近時，「知る権利」の一面として公共機関とくに行政機関が保有する情報の公開を求める権利が主張されるようになった．この情報公開を求める権利は，公権力の側の対応を求める積極的な権利，請求権であり，いわゆる自由権とは法的性格が異なる．それゆえ，その具体化には法律等の根拠が必要とされたが，最初は地方自治体のいわゆる情報公開条例，そして最近では国の情報公開法によって具体化されるようになった（ただし，情報公開法は「知る権利」を明示しなかった）．

　情報公開のための法制は，原則公開の考え方に立って運用されなければならない．しかし，公開の対象から外される情報もある．個人情報，法人等の事業活動情報，公安情報，国の安全や外交に関する情報，行政執行情報（行政の公正・適正な執行のため公開できない情報），国や他の自治体との協力関係維持のため公開しえない情報，行政の意思決定過程の適性確保のため公開しない情報，法令秘情報（法令によって秘匿が義務づけられている情報）である．これらについて拡大解釈をすると公開される情報は限定されてしまうことに注意しなければならない．

　情報公開を請求しても開示（公開）が拒否（不開示決定）される場合がある．

そのために不服申立てと行政からの独立性を有する情報公開審査会の制度が必要である．情報公開法や地方自治体の情報公開条例は，情報公開審査会を設置し，開示に関して不服申立てがあった場合，これに諮問することにしている．審査会は，不服申立てについて調査・審議し，その結果を答申する．この答申を受けて諮問した行政側は裁決・決定を行う．開示を拒否する決定について情報公開審査会がこれを支持した場合でも，不服申立てをした者は裁判所に訴えて救済を求めることができる（開示拒否処分の取消訴訟）．

特定秘密保護法　2013年に特定秘密保護法（「特定秘密の保護に関する法律」）が制定された．この法律は，指定された特定秘密の取扱業務を行う者にその秘密の漏えいを禁じるもの（罰則あり）であるが，特定秘密の漏えいについて共謀・教唆・煽動を行った者も処罰する．この法律に関しては，報道の自由，取材活動の自由，ひいては国民の知る権利を制約する懸念が指摘されている．

自己情報の開示　情報公開の請求に類似したものとして，プライバシー権にもとづく自己情報の開示請求がある．しかし，この権利は，自己情報について当人が本人への開示を求めるものであり，広く情報の公開を要求する情報公開請求権とは性格を異にする．また，「知る権利」にもとづく情報公開の場合は基本的に他者の情報について公開請求するため他者のプライバシー侵害の可能性があるが，本人の自己に関する情報の開示の場合にはそのおそれがないので，通常，開示を拒む理由は存在しないと思われる．

自己情報開示請求権の基礎にあるのは，自己情報については自らコントロールする権利があるという考え方であり，開示を請求するだけでなく，集めるべきでない情報の削除，誤った情報に対しての訂正を求める権利をも含むと解されている．

集会・結社の自由　憲法21条1項は，集会・結社の自由も保障している．個人の言論では世間の耳目を集めず社会に対するアピールが弱いものでも多くの人々が一堂に会しメッセージを発信することで世間から注目され，その結果自らの主張を大勢の人々に伝達することができることがある．集会およびデモ行進は，今日，一般市民に残された数少ない安価で有効な表現手段（大衆的表現）としての重要性を増している．また，これらの場を保障する議論として，パブリック・フォーラム論も唱えられている．

集会やデモ行進が言論・出版などの純粋な表現行為と異なるのは，それらが一定の行動を伴うところにあり，他の自由との調整を必要とすることが少なくない点にある．一般道路でのデモ行進が他の人間や車両の通行の妨げとなり，交通が混乱し，それによって危険が生じるのを予防するには何らかの交通規制が必要となる場合があろう．ただ，集会やデモ行進のもつ表現行為としての重要性に鑑み，その規制は必要最小限度であることが要請される．それゆえ集会・デモ行進を規制する公安条例や道路交通法の採用する許可制は，本来自由である表現行為を原則禁止とする点で問題がある．

公安条例等について，多くの判例があるが，裁判所は，集会・デモ行進の自由について一般に消極的であるといえよう（とくに東京都公安条例事件最高裁大法廷判決昭和35年7月20日，刑集14巻9号1243頁は，デモ行進の参加者を暴徒視している点で批判が多い）．裁判所は大衆的表現について理解が十分でないように思われる．

また，公共施設（公民館等）を利用した集会開催について主催者側に何ら非がないにもかかわらず反対派の妨害を理由に時に使用拒否がなされることがある．これは集会の自由の侵害にあたり許されないはずである．にもかかわらず，地方自治体の管理する公共施設の使用拒否の例が後を断たないのは，当局者の集会の自由に対する認識の不十分さを示しているといえよう．

判例では，会館の管理上支障が生じるとの事態が主観による予測だけでなく，客観的な事実に照らして具体的に明らかに予測される場合に初めて使用の不許可が認められるとして，一定の歯止めをかけた例もある（最高裁判決平成8年3月15日，民集50巻3号549頁）．

結社の自由には個人が団体を結成する自由，しない自由，参加する自由，参加しない自由，構成員としてとどまる自由，脱退する自由があり，団体自身もその設立，存続，意思決定，活動について公権力からの干渉をうけない自由が保障される．

破壊活動防止法は，団体として暴力主義的活動を将来継続的，反復的に行うと認めうる明らかで十分な理由があるものについて6カ月をこえない期間を定めて集団行動等の一定の行為を禁止し（6条），これらの措置によって暴力的破壊活動を有効に除去できないと認めるときは解散を命じることができる（7条）とするが，その運用には慎重さが要求される．団体規制法は，オウム真理教事

件を契機に制定されたが，広く各種の団体に適用が可能なものであり，濫用の危険がないわけではない．

通信の秘密　憲法21条2項は，「通信の秘密は，これを侵してはならない．」と規定している．通信は，情報の伝達，受領というコミュニケーションの一環をなす行為であり，表現の自由に含まれると考えられる．しかし，ここでは通信内容を他人に知られないように保護することが，保障目的といえるので，通信の秘密の保障は，プライバシー保護の一部であるとも解せられる．

通信の秘密は，手紙，葉書，電報，電話等の通信手段全般に及び，その内容，差出人，受取人の氏名，住所，発信・受信回数等の秘密も保護される（大阪高裁判決昭和41年2月26日，高刑集19巻1号58頁参照）．これらを調査することは許されないが，いわゆる通信傍受法が制定され，一定の条件下での犯罪捜査の場合，捜査当局によって通信の傍受がなされうるようになった．通信傍受法は組織的犯罪の捜査のために必要なものだとしても，濫用されることのないよう注意を払う必要があろう．

刑法は，信書開封に関する罪を規定している（133条）．また，郵便法は通信業務に従事する者が職務上知りえた通信の内容を外部に漏洩することを禁じている（8条2項）．一方，民事訴訟法は，郵便物の押収（100条，222条），接見交通にかかる通信物の検閲，接受の禁止，押収（81条）について定めている．

2　経済的自由

(1)　経済的自由の意義と限界

経済的自由の意義と歴史　経済的自由とは，職業選択の自由，居住・移転の自由，財産権の総称である．近代市民革命以前，職業選択の自由は同業者組合の存在に，人と物資の移動は関所の存在と通行税の徴収に妨げられ，財産権も権力者に脅かされていた．そこで，新興ブルジョワジーは，何よりも封建的な拘束を打破し自由な経済活動を求めて，近代市民革命を推進した．1789年フランス人権宣言が17条で「所有権は，神聖かつ不可侵の権利である」と述べているのは，そのあらわれである．絶対的な所有権のもと，人々の経済活動に対する国家の不介入が要請されることになった．

ところが資本主義の発達，とくに産業革命以後，生産手段をもつ資本家と，もたない労働者との間に決定的な格差が生じるようになる．このような格差のもとでは，雇用関係も実際には対等ではなく，自らの労働力を売る以外に生活の手段を持たない労働者は，いわば資本家の「いわれるがまま」に，低賃金での長時間労働を強いられたのである．したがって労働者にとって，経済的自由は何ら意味あるものではなく，それどころかむしろ「害」とすらいえよう．さらに19世紀の末から20世紀にかけて資本の独占化が進みだすと，資本家と労働者に加え，巨大な独占資本と中小資本・農民などとの間にも経済的格差が広がってくる．

そこで，国家不介入とされてきた経済的自由に対して，国家による規制を求める運動が労働者や農民によって展開され，1917年のロシア革命では社会主義国が誕生する．資本主義国においても，経済的自由は社会的な制約を受けるものと考えられるようになり，1919年のワイマール憲法は「所有権は義務を伴う．その行使は，同時に公共の福祉に役立つべきである」（153条3項）と規定するのである．また，1929年からの世界恐慌を経験した資本主義国は，市場経済への自由放任主義の限界を認識する．そして第二次世界大戦後においては，ほとんどすべての国々で，経済的自由は絶対的なものではなく，社会的な制約を受けるものと解されるようになる．

もっとも，1970年代以降，再び国家の役割を縮小し「市場の万能」を説く新自由主義がアメリカやイギリスで登場し，1990年代以降，日本でも有力に主張されている．規制緩和を推進する動きがその代表であるが，その結果日本でも「格差社会」を進行させ「貧困」が問題となったことを確認しておくべきであろう．

経済的自由の限界　以上のような歴史をふまえると，経済的自由は，人権という観念が本来もっている限界（内在的制約）に加え，経済的・社会的弱者保護の観点からの限界（政策的制約）にも服することになる．最高裁も，小売市場事件において「個人の経済活動に対する法的規制は，個人の自由な経済活動からもたらされる諸々の弊害が社会公共の安全と秩序の維持の見地から看過することができないような場合に，消極的に，かような弊害を除去ないし緩和するために必要かつ合理的な規制である限りにおいて許されるべきことはいうまで

もない．のみならず，憲法の他の条項をあわせ考察すると，憲法は，全体として，福祉国家的理想のもとに，社会経済の均衡のとれた調和的発展を企図しており，その見地から，すべての国民にいわゆる生存権を保障し，その一環として，国民の勤労権を保障する等，経済的劣位に立つ者に対する適切な保護政策を要請していることは明らかである」と述べている（最高裁大法廷判決昭和47年11月22日，刑集26巻9号586頁）．

　職業選択の自由　　憲法22条1項の保障する職業選択の自由は，自己の従事する職業を決定する自由だけでなく，その職業を継続して営む自由，いわゆる営業の自由も含まれていると解されている．もっとも，営業の自由は財産権の行使という側面も合わせもつので29条に根拠を求めることもできる．また，職業選択の自由と営業の自由を合わせて職業の自由と呼ぶこともある．

　憲法22条は，あえて「公共の福祉に反しない限り」と留保をつけている．これは，公権力による規制の要請が強いことを意味するが，前述の通り，とくに職業の自由が，国民の生命や健康に対する危険を防止するという内在的制約にもとづく消極目的規制（警察目的規制）に加え，政策的制約にもとづく積極目的規制にも服することを意味している．

　職業の自由への規制手段としては，届出制（理容業等），許可制（風俗営業，飲食業，貸金業等），資格制（医師，薬剤師，弁護士等），特許制（電気，ガス，鉄道，バス等），そして公的独占をとり営業の自由を否定するもの（従来の郵便事業等）がある．一般に届出制や許可制は，消極目的規制に属するが，巨大資本から中小企業を保護するための競争制限や，中小企業相互間の過当競争の制限などは積極目的による規制といえる．また特許制などは積極目的の典型とされるが，なかには弱者保護というよりも，業界や事業者の利益保護という性格が強いものもあり，規制の合理性をめぐっては検討を要する．

　居住・移転の自由　　封建的な拘束を廃し資本主義経済を成り立たせるには，居住・移転の自由が不可欠であった．このような歴史的沿革から，この自由は，経済的自由の1つとして位置づけられてきた．ところが，居住・移転の自由は，身体的拘束を解くとか，精神活動を行うにも不可欠であるといった意義も合わせもつため，その根拠を身体の自由や精神的自由に求めることもできる．したがって，その限界も個別具体的な場合に応じて検討されなければなら

ない．

財産権の保障　憲法29条は1項で，「財産権は，これを侵してはならない」と規定し，2項で「財産権の内容は，公共の福祉に適合するやうに，法律でこれを定める」としている．この1項の規定は，個人が現に有している財産を自由に用いることができるという意味と，私有財産制という制度自体を保障しているという意味の両面がある，と一般に解されている．

後者は，制度的保障とよばれるもので，財産権が一定の法制度を前提にしてはじめて成り立つ権利である，との理由からそのように解されている．もっとも，制度的保障とは，当該事項について立法権に広範な権限を認めつつ，制度の核心を立法権の侵害から守ることを目的としているものである．したがって，29条2項で立法権の権限が認められている以上，29条1項を制度的保障と解釈すべきでない，とする見解も存在する．また，制度的保障と解釈した場合，制度の核心が何かが問題となる．かつては，それを生産手段の私有制と解し，社会主義への移行は日本国憲法のもとでは不可能とする立場が支配的であった．しかし今日では，それを，人間が人間たるに値する生活を営むうえで必要な物的手段の享有であると解し，社会化も日本国憲法のもとで可能であるとの立場も有力である．

次に29条2項の解釈であるが，この規定により，財産権の内容が法律によって制約されることが示されている．また「公共の福祉に適合するやうに」という規定により，財産権が内在的制約のみならず，政策的制約にも服するものと解される．

ところで，2項が「法律で」と規定していることから，条例による財産権の制限が許されるのかが，問題となる．かつては学説上の争いもあったが，条例も地方議会で民主的な手続に従って制定されるものであるから，許されるとすべきであろう．最高裁もそのように解しており（奈良県ため池条例事件，最高裁大法廷判決昭和38年6月26日，刑集17巻5号521頁），現在では各地の公害規制条例など，条例による財産権の規制が頻繁に行われている．

補償の要否と正当な補償　憲法29条3項は，「私有財産は，正当な補償の下に，これを公共のために用ひることができる」と定めている．補償の要否，すなわち，どのような場合に補償が必要とされるかについて，従来の通説「特別

犠牲説」は，相隣関係（隣接する土地・家屋の利用調整のため，各自が権利を制限して協力する関係）や内在的制約にもとづく場合の補償は不要であるが，それ以外に特定の個人に特別の犠牲を加えた場合には補償を要するとした．そして，「特別の犠牲」に当たるか否かは，規制対象が広く一般人か特定の個人に限定されているか，という形式的要件と，規制内容が受忍限度にとどまるか否か，という実質的要件の2つを勘案して判断すべきとしていた．

これに対して近年の有力説は，形式的要件よりも実質的要件を重視して次のように説く．① 財産権への侵害により，財産権の本来の効用がほとんど発揮できない場合には，規制目的にかかわらず補償を要するが，② 財産権への侵害がそれほどでもない場合には，規制目的によって補償の要否を決定する．すなわち，消極目的の場合には補償不要であるが，積極目的の場合には補償が必要とする．

「正当な補償」について，かつて，当該財産の客観的な市場価格を全額補償すべきとする完全補償説と，当該財産について市場価格を下回っても合理的に算出された相当な額であれば足りるとする相当補償説とで対立があった．最高裁は，終戦直後の農地改革のさいのきわめて低額の農地買収価格を「正当な補償」とし，相当補償説をとったとされる（最高裁大法廷判決，昭和28年12月23日，民集7巻13号1523頁）．しかし，農地改革は，封建的な地主制を解体するという占領下での特殊な政策であり，このときの議論を今日でもそのまま援用することは妥当でない．今日では，完全補償を基本としつつ，生活を建て直すという生活権補償の観点からも補償を考える必要があるであろう．

（2） 経済的自由をめぐる判例

違憲審査の基準　一般に学説は，精神的自由と経済的自由とを区別し，精神的自由に優越的地位を与え，精神的自由を規制する立法に対しては，経済的自由を規制する立法に対してよりも厳格な審査基準を適用するべきとする（二重の基準論）．最高裁も，前掲小売市場距離制限事件において「個人の経済活動の自由に関する限り，個人の精神的自由等に関する場合と異なって」と述べ，さらに薬事法事件では「職業の自由は，それ以外の憲法の保障する自由，殊にいわゆる精神的自由に比較して，公権力による規制の要請がつよい」と述べて

(最高裁大法廷判決昭和50年4月30日，民集29巻4号572頁)．経済的自由と精神的自由とでは違憲審査の基準が異なることを示している．もっとも今日まで，最高裁が精神的自由に厳格な審査基準を適用したことはなく，判例理論としてはいまだ確立しているとはいえない．

積極・消極二分論　二重の基準論のもと，経済的自由の規制に対しては，比較的ゆるやかな審査基準である，合理性の基準が適用される．つまり，立法府の判断には合理性があるとの前提に立って（合憲性の推定），立法目的および目的達成手段について，一般人を基準にして合理性があるかいなかを審査するのである．

さらに学説・判例は一般に，この基準を規制目的に応じて2つに分けて用いるべきとする．すなわち，消極目的規制に対しては，裁判所が立法事実に基づいて，規制の必要性・合理性，および「同じ目的を達成できる，よりゆるやかな規制手段」の有無を審査する「厳格な合理性の基準」（いわゆる「中間審査」）を（前掲薬事法事件判決），積極目的規制に対しては，立法府の広い裁量を認め，「当該規制措置が著しく不合理であることの明白である場合に限って違憲とする」いわゆる「明白の原則」（前掲小売市場距離制限事件判決）を用いるとする．

積極目的の規制に「明白の原則」を用いる理由として，最高裁は，「法的規制措置の必要の有無や法的規制措置の対象・手段・態様などを判断するにあたっては，その対象となる社会経済の実態についての正確な基礎資料が必要であり，具体的な法的規制措置が現実の社会経済にどのような影響を及ぼすか，その利害得失を洞察するとともに，広く社会経済政策全体との調和を考慮する等，相互に関連する諸条件についての適正な評価と判断が必要であって，このような評価と判断の機能は，まさに立法府の使命とするところであり，立法府こそがその機能を果たす適格を具えた国家機関」であり，裁判所は立法府の裁量判断を尊重するべきと述べている（前掲小売市場距離制限事件判決）．

小売市場距離制限事件　小売商業調整特別措置法3条1項が，小売市場（小規模小売店舗を同一建物内に多数含むもの）の開設に，適正配置規制（既存の市場からたとえば700メートルなど，一定以上離れていることを要求する規制．いわゆる距離制限）を課していることの合憲性が争われた．最高裁は，本件規制目的が，経済的基盤の弱い小売商を相互間の過当競争による共倒れから保護することにある．す

なわち積極目的の規制にあたるとし,「明白の原則」を適用した. そして, 本件規制措置には一応の合理性を認めることができるため, 合憲と判断したのである (前掲小売市場距離制限事件判決).

薬事法事件　旧薬事法6条2項が, 薬局の開設に適正配置規制を課していることの合憲性が争われた. 最高裁は, 本件規制目的が, 不良医薬品の供給から国民の健康と安全をまもる, すなわち消極目的の規制にあたるとして「厳格な合理性の基準」を適用した. そして, 立法事実に基づいて規制の必要性と合理性を審査し,「薬局の開設の自由→薬局の偏在→競争の激化→一部薬局の経営の不安定→不良医薬品の供給の危険性」という因果関係を合理的に裏づけることはできず, また立法目的は, 行政上の取締りの強化など「よりゆるやかな規制手段」によっても達成できるとして, 違憲と判断した(前掲薬事法事件判決). 以上2つの判決によって積極・消極二分論という類型化が確立したといえる. しかし後に見るように, 近年, 二分論の問題点も指摘されている.

森林法共有林事件　森林法186条は「森林の共有者は, 民法第256条第1項の規定にかかわらず, その共有に係る森林の分割を請求することができない. ただし, 各共有者の持分の価額に従いその過半数をもつて分割の請求をすることを妨げない」と定め, 持分2分の1以下の共有者による分割請求権を否定していたため, 憲法29条に違反するのではないかと争われた. 最高裁は, 森林法186条の立法目的は「森林の細分化を防止することによって森林経営の安定を図り, もって国民経済の発展に資すること」にあり, 公共の福祉に合致するとしつつ, 規制手段の必要性と合理性につき立ち入って審査し, 持分2分の1以下の共有者による分割請求権を否定することは「立法目的との関係において, 合理性と必要性のいずれをも肯定することのできないことが明らか」であるとして, 29条2項に違反し無効であると判示した (最高裁大法廷判決昭和62年4月22日, 民集41巻3号408頁).

この判決は, 積極目的の規制といえるものに, 規制手段の必要性と合理性を厳格に審査する,「厳格な合理性の基準」を採用しており, 二分論との整合性が問題とされる.

公衆浴場距離制限事件　公衆浴場法2条が, 公衆浴場の開設に適正配置規制を課していることの合憲性が争われた事件で, かつて最高裁は, 当該規制目

的が「国民健康及び環境衛生の保持」にあるとして，合憲の判決を下していた(最高裁大法廷判決昭和30年1月26日，刑集9巻1号89頁)．しかし，薬事法判決で示された二分論を前提に，このように規制目的を消極的な警察目的ととらえると，立法事実に基づいて合理性を裏づけることが必要となる．しかしそのような論証はなく，合憲の結論を維持することは困難だと，学説から批判されてきた．

そこで最高裁は1989年に，合憲という結論は維持しつつも，規制目的が変化したとする判決をあいついで出している．第2小法廷は，公衆浴場の距離制限を「公衆浴場業者が経営の困難から廃業や転業をすることを防止し，健全で安定した経営を行えるように種種の立法上の手段をとり，国民の保健福祉を維持する」と積極目的による規制ととらえ，「明白の原則」を適用して合憲とした(平成元年1月20日，刑集43巻1号1頁)．また第3小法廷は，規制目的を「国民保健及び環境衛生の確保にある」とするともに，「既存公衆浴場業者の経営の安定を図ることにより，自家風呂を持たない国民にとって必要不可欠な厚生施設である公衆浴場自体を確保しようとすることも，その目的としている」と述べ，消極目的と積極目的の両方が含まれるとした．そして，距離制限を「目的を達成するために必要かつ合理的な範囲内の手段と考えられる」から合憲とした(平成元年3月7日，判時1308巻111頁)．この判決は，規制目的を積極・消極のいずれかに区分することの難しさを最高裁自身が示したものといえよう．

その他の判例　生糸の輸入を日本蚕糸事業団(後の蚕糸砂糖類価格安定事業団)及び事業団から委託を受けた者に限る，いわゆる生糸の一元輸入措置の合憲性が争われた西陣ネクタイ事件(平成2年2月6日，訟月36巻12号2242頁)で，最高裁は，小売市場事件判決を引いて「積極的な社会経済政策の実施の一手段として，個人の経済活動に対し一定の合理的規制措置を講ずることは，憲法が予定し，かつ，許容するところであるから，裁判所は，立法府がその裁量権を逸脱し，当該規制措置が著しく不合理であることの明白な場合に限って，これを違憲としてその効力を否定することができる」と述べ，合憲とした．しかしこの判決での社会経済政策が，小売市場事件判決でいう福祉国家的な経済的・社会的弱者保護の政策であるのかは疑問である．

酒類販売の免許制を定める酒税法(10条10号)の合憲性が争われた酒税販売

免許制事件（平成4年12月15日，民集46巻9号2829頁）で，最高裁は，「租税の適正かつ確実な賦課徴収という財政目的のための職業の許可制による規制は，その必要性と合理性についての立法府の判断が政策的・技術的な裁量の範囲を逸脱し著しく不合理でないかぎり，憲法22条1項に違反しない」と述べ，免許制採用当初とは社会状況が変化し酒税の国税全体に占める割合等が低下したとはいえ，本件処分当時もいまだ合理性を失ったとは言えないとして，合憲と判示した．財政目的による規制は，警察的・消極的規制とも社会政策・経済政策的な積極的規制とも性格を異にするとの補足意見があるように，ここでは二分論が採用されていない．またこの事件をめぐっては，酒販免許制の立法目的が「酒税の確実な徴収」にあるというが，それは表向き口実であって，真の立法目的は「新規参入の阻止や競争排除などによって既存の酒類販売業者の利益を温存する」ことにあるのではないか，との批判もある．

二分論への批判　以上のような判例動向を受けて，積極・消極二分論に対し，近年次のような批判も有力に主張されている．第1に，公衆浴場距離制限事件などのように，すべての経済規制立法をこの2つの目的にしたがって明確に区別できるわけではない．第2に，なぜ消極目的の場合により厳格な審査基準が適用されるのか．公害対策など国民の生命や健康の維持のために，広範な規制が求められることもある．第3に，積極目的の規制への「明白の原則」の適用が違憲審査をまったく排除するものであってはならない．

したがって，二分論自体を否定する学説も見られる．いずれにしろ今日では，二分論を検討するにあたっても，「規制緩和」が相当程度進行しているという現実に留意する必要があるであろう．

3　人身の自由

(1)　人身の自由と適正手続

人身の自由の意義　不当に身体を拘束されない自由（人身の自由，身体の自由ともいう）は，あらゆる自由の大前提であり，長い闘争の歴史の中で闘い獲られてきた．絶対王政の時代をはじめ，人類は，国家権力による不当な逮捕・監禁・拷問，刑罰権の恣意的な行使といった歴史を経験してきた．したがって身

体の自由は，何よりも刑罰権の発動を制約するという意義をもつ．日本国憲法が，身体の自由とりわけ刑事手続について他に類をみないほど詳細な規定を設けているのは，戦前日本での人身の自由への抑圧という事実を鑑みてのことである．

しかし，このような保障規定にもかかわらず，今日でも足利事件や布川事件のような冤罪事件が後をたたない．そのため，取り調べの可視化に向けての議論などが進められている．

奴隷的拘束からの自由　憲法18条は，「何人も，いかなる奴隷的拘束も受けない．又，犯罪に因る処罰の場合を除いては，その意に反する苦役に服させられない」と定めている．「奴隷的拘束」とは，文字どおり奴隷としての扱いや人身売買はもちろんのこと，人格を否定するような身体の拘束を指すとされるため，戦前に存在した鉱山労働者の「監獄部屋」なども禁止される．また，「その意に反する苦役」とは，奴隷的拘束にはいたらないまでの本人の意思に反する強制労働のことである．徴兵制については，憲法9条が一切の戦力不保持を規定していることから，日本国憲法の下では採ることのできない制度であるが，18条のこの規定からも禁止されていることになる．憲法18条は，国家権力に対してだけでなく，私人間にも直接効力を有する．

適正手続　憲法31条は，「何人も，法律の定める手続によらなければ，その生命若しくは自由を奪はれ，又はその他の刑罰を科せられない」と規定している．この規定は，アメリカ合衆国憲法修正5条および14条のデュー・プロセス条項（「法の適正な手続」を定める条項）に由来し，公権力を手続的に拘束することによって，人権を手続的に保障しようとするものである．もっとも，31条はとにかく手続を法定しておきさえすればよい，というものではない．

第1に，「告知と聴聞」を受ける権利を保障するなど，その手続が「適正」であることを要求する．告知とは，公権力が刑罰等を科す際，その内容を当事者にあらかじめ知らせることであり，聴聞とは，当事者が弁解と防御の機会を得ることである．最高裁は，有罪判決を受けた被告人の貨物が没収された中に，被告人以外の第三者の所有する貨物までが含まれていたという事件（第三者所有物没収事件）で，告知，弁解，防禦の機会を与えないでした第三者の所有物に対する没収判決を31条に違反すると判示している（最高裁大法廷判決昭和37年11月

28日,刑集16巻11号1593頁).

　第2に,31条は手続だけでなく実体も法律で定めることを要求する.すなわち,31条は罪刑法定主義の原則をも内包している.

　さらに第3に,法定された実体規定が「適正」であることをも要求するというのが通説である.実体規定の適正とは,犯罪構成要件の「明確性」の原則や「罪刑均衡」の原則などをいうが,これらは罪刑法定主義の派生原則とされる.日本国憲法が実質的法治主義を採用している以上,単に手続や実体の法定を求めるだけでなく,それらが「適正」であることをも求めるのは当然といえよう.

　31条が「その他の刑罰を科せられない」としていることから明らかなように,この規定は直接には刑事手続についてのものである.しかし,行政権の機能が増大した現代においては,税務調査など行政権の行使による国民の権利侵害が,刑罰権の行使同様,問題となる.したがって,憲法の実質的な人権保障の要請の観点から,31条は行政手続にも適用ないしは準用されると解されている.最高裁も,旧所得税法上の税務調査にあたっての質問検査が令状主義(憲法35条),黙秘権の保障(憲法38条)に反するとして争われた川崎民商事件(最高裁大法廷判決昭和47年11月22日,刑集26巻9号554頁)において,35条・38条については行政手続にも及ぶことを原則として認めた.もっともこの判決は,その適用を「実質上,刑事責任追及のための資料の取得収集に直接結びつく作用を一般的に有する手続」に限定しており,範囲の狭さに問題がある.

　また,「多数の暴力主義的破壊活動者の集合の用に供され又は供されるおそれがある工作物」の使用を運輸大臣が禁止することができると定めた法律,成田新法の合憲性が争われた事件(最高裁大法廷判決平成4年7月1日,民集46巻5号437頁)で,最高裁は,行政手続が「刑事手続でないとの理由のみで,そのすべてが当然に同条(31条)による保障の枠外にあると判断することは相当ではない」とした.しかし最高裁はつづけて「一般に,行政手続きは,刑事手続とその性質においておのづから差異があり,また,行政目的に応じて多種多様であるから,行政処分の相手方に事前の告知,弁解,防御の機会を与えるかどうかは,行政処分により制限を受ける権利利益の内容,性質,制限の程度,行政処分により達成しようとする公益の内容,程度,緊急性等を総合較量して決定されるべきものであって,常に必ずそのような機会を与えることを必要とするも

のではない」と判示した.

なお，学説の中には，31条は行政手続に適用されないとしつつ，行政手続の適正化を，幸福追求権を保障する憲法13条に求めるものもある.

1993年，「行政運営における公正の確保と透明性……の向上を図」ることを目的に行政手続法が制定され，不利益処分をしようとする場合の聴聞や弁明の機会の付与などについて定めている．もっとも，この法律に対しては適用除外が多いといった批判もある．

（2） 被疑者の権利

無罪の推定　世界人権宣言11条1項が，「犯罪の訴追を受けた者は，すべて，自己の弁護に必要なすべての保障を与えられた公開の裁判において法律に従つて有罪の立証があるまでは，無罪と推定される権利を有する」と述べるよう，刑事手続きの基本原則の1つに無罪の推定がある．無罪の推定から具体的には，第1に検察官が合理的な疑いを入れない程度に犯罪事実を証明しない限り有罪とされない「疑わしきは被告人の利益に」という原則が，第2に被疑者・被告人も有罪判決を受けるまでは無辜の市民として扱われなければならないという原則が導かれる．2009年から導入された裁判員制度やマスコミの犯罪報道のあり方なども，無罪の推定という原則からたえず検証される必要があろう.

逮捕に対する保障　憲法33条は「何人も，現行犯として逮捕される場合を除いては，権限を有する司法官憲が発し，且つ理由となつてゐる犯罪を明示する令状によらなければ，逮捕されない」と規定している．つまり，現行犯であるか，司法官憲，すなわち裁判官の発布する逮捕令状によらなければ逮捕されないことを定めている．そしてこの逮捕令状は，単に罪名だけでなく，被疑事実等を具体的に記載したものでなければならない.

ここで問題になるのが，刑事訴訟法210条所定の緊急逮捕の合憲性である．最高裁は，「厳格な制約の下に，罪状の重い一定の犯罪のみについて，緊急已むを得ない場合に限り，逮捕後直ちに裁判官の審査を受けて逮捕状の発行を求めることを条件とし，被疑者の逮捕を認めることは，憲法33条規定の趣旨に反するものではない」としている（最高裁大法廷判決昭和30年12月14日，刑集9巻13号2760頁）．学説も，捜査の合理的遂行に配慮して，その濫用を警戒しつつも合憲

とする立場が多数のようである．しかし，捜査の必要性から憲法の定める手続に例外を認めることは，悪しき権力主義的拡大解釈であるとの批判も有力である．

　また，証拠が不十分で本件について逮捕令状が請求できない場合に，軽微な犯罪事実でまず逮捕し，身柄を拘束して自白を期待する，いわゆる別件逮捕という逮捕行為がある．しかし憲法が，逮捕状の要件として罪名に加えて具体的な被疑事実の記載を要求していること，後述するように自白否定主義を確立していることから，別件逮捕は許されるものではない．

　抑留・拘禁に対する保障，拘禁理由の開示　　憲法34条は「何人も，理由を直ちに告げられ，且つ，直ちに弁護人に依頼する権利を与へられなければ，抑留又は拘禁されない．又，何人も，正当な理由がなければ，拘禁されず，要求があれば，その理由は，直ちに本人及びその弁護人の出席する公開の法廷で示されなければならない」と定めている．抑留とは，一時的な身体の拘束のことで刑事訴訟法上の留置にあたり，拘禁とは，より継続的な身体の拘束のことで刑事訴訟法上の勾留にあたる．

　抑留・拘禁にあたっては，理由が告知され弁護人依頼権が保障されなければならない．弁護人依頼権は，ただ形式的に，弁護人に依頼する機会を与えておくというものではなく，実質的に弁護人を依頼する条件を確保することまでもを要求する．2004年に刑事訴訟法が改正され，「被疑者段階を含む国選弁護制度」が創設されることになった．

　拘禁理由の開示についてであるが，これも，単に理由を開示するというだけではなく，裁判所が拘禁の当否を審査し，理由が不当であれば拘禁を解くべきだ，とされる．この拘禁理由開示の制度は，刑事訴訟法82条以下で具体化されている．

　住居の不可侵・不法な捜査・押収に対する保障　　憲法35条は「第33条の場合」と「正当な理由に基いて発せられ，且つ捜索する場所及び押収する物を明示する令状」による場合を除いて，「住居，書類及び所持品について，侵入，捜索及び押収」を禁止している．「第33条の場合」について，最高裁は「(憲法)33条による不逮捕の保障の存しない場合においては捜索押収等を受けることのない権利も亦保障されないことを明らかにしたもの」だとして（最高裁大法廷判決昭和30年4月27日，刑集9巻5号924頁），現行犯の場合には，令状によらない捜査・

押収を認めている．他方，最高裁は，令状主義に著しく違反して収集された証拠の証拠能力を否定している（最高裁大法廷判決昭和53年9月7日，刑集32巻6号1672頁）．

35条にいう令状とは，裁判官が個々の捜索・押収につき各々別個に発したものでなければならず，数個の捜索・押収につき一本の令状ですます，いわゆる包括的令状主義を排していると解すべきである（35条2項）．GPS（全地球測位システム）端末を自動車に装着して監視・尾行等を行うGPS捜査について，最高裁は，個人のプライバシーを侵害し得るものだとしたうえで，刑訴法上，特別の根拠規定がなければ許容されない強制の処分にあたるとともに，令状がなければ行うことのできない処分と解すべきだとした．また最高裁は，「憲法35条……の保障対象には，『住居，書類及び所持品』に限らずこれらに準ずる私的領域に『侵入』されることのない権利が含まれる」と述べた（最大判平成29年3月15日，判タ1437号78頁）．

（3） 拷問および残虐刑の禁止

被疑者または被告人に対して，国家機関（公務員）が，自白させる目的で苦痛を負わせる拷問は，諸外国でも，また明治憲法下の日本でもしばしば行われてきた．そこで憲法36条は，「公務員による拷問及び残虐な刑罰は，絶対にこれを禁ずる」と，拷問の禁止をとくに憲法で規定している．

また，36条は残虐な刑罰を否定しているが，問題は死刑が残虐な刑罰に当たるかいなかである．憲法31条が，法律の定める手続によれば生命を奪えることを予定しているため，死刑も一応合憲という立場が有力である．最高裁も，「刑罰としての死刑そのものが，一般に直ちに同条（36条）にいわゆる残虐な刑罰に該当するとは考えられない．ただ死刑といえども……その執行の方法等がその時代と環境とにおいて人道上の見地から一般に残虐性を有するものと認められる場合には，勿論これを残虐な刑罰といわねばなら」ないとして，火炙り，磔，さらし首，釜ゆでなどの刑は36条に違反するが，現行の絞首刑による死刑そのものは残虐刑に該当しないとしている（最高裁大法廷判決昭和23年3月12日，刑集2巻3号191頁）．

しかし1989年の国連総会で死刑廃止条約が採択されるなど，国際的には死刑

廃止の潮流が見られる．日本においても，死刑には威嚇力がない，誤判の場合，回復の道がない，国家の合法的殺人を正当化する根拠がない，といった理由から死刑廃止論も有力に主張されている．

(4) 被告人の権利

公平な裁判所の迅速な公開裁判を受ける権利　裁判を受ける権利は，憲法32条によってすべての国民に保障されているが，憲法37条1項は，とくに人身の自由が侵害されやすい刑事被告人に対して，「公平な裁判所の迅速な公開裁判を受ける権利」を保障している．

公平な裁判所とは，判例によると「構成その他において偏頗の惧なき裁判所」を意味するとされ(最高裁大法廷判決昭和23年5月5日，刑集2巻5号447頁)，それゆえ刑事訴訟法は20条以下で，裁判官等の除斥，忌避および回避の制度を設けている．すなわち，裁判官や裁判所書記官が事件やその当事者と特殊な関係があって，その事件に関与することが裁判の公正と信用からみて適当でない場合，法定の除斥原因により職権で職務執行から排除する裁判をする(除斥)，除斥原因がなくても当事者が職務執行をさせないように申し立てる(忌避)，裁判官や裁判所書記官が自ら事件の取扱を避ける(回避)といった制度を設けているのである．

裁判の遅延は，証拠の散逸などにより立証活動を困難にさせるとともに，長年にわたって被告人たる地位に晒されること自体が人権侵害といえる．したがって憲法は，迅速な裁判を要請しているのであるが，従来，この規定をプログラム規定的に解する見解が支配的であった．しかし最高裁は，1審で15年あまり審理が中断していた，いわゆる高田事件において，37条1項の保障する迅速な裁判をうける権利は，「審理の著しい遅延の結果，迅速な裁判をうける被告人の権利が害せられたと認められる異常な事態が生じた場合には，これに対処すべき具体的規定がなくても，もはや当該被告人に対する手続の続行を許さず，その審理を打ち切るという非常救済手段がとられるべきことを認めている」として，免訴を言い渡した(最高裁大法廷判決昭和47年12月20日，刑集26巻10号631頁)．

公開裁判の要請は，一般国民の自由な傍聴を許すことであり，憲法82条1項が「裁判の対審及び判決は，公開法廷でこれを行ふ」と一般的に定めている．

37条1項は，密室裁判では公平な裁判が期待できず，とくに刑事被告人にとって不利に働きうるという点を配慮した規定である．加えて，最高裁がレペタ事件（最高裁大法廷判決平成1年3月8日，民集43巻2号89頁）で，82条1項の趣旨を「裁判を一般に公開して裁判が公正に行われることを制度として保障し，ひいては裁判に対する国民の信頼を確保しようとすること」にあると述べているように，公開裁判の要請には，一般国民の裁判に対する信頼確保という意味ももつ．

　2004年に「裁判員の参加する刑事裁判に関する法律」が成立し，重大な刑事事件について，国民が裁判員として裁判官とともに裁判体を構成し，有罪・無罪の決定及び量刑を行う，裁判員制度が2009年から発足した．この裁判員制度が，憲法18条の「意に反する苦役」にあたらないかという問題について，最高裁は，「司法権の行使に対する国民の参加という点で参政権と同様の権限を国民に付与するものであり，これを『苦役』ということは必ずしも適切でない」として，本条に違反しないと判示した（最大判平成23年11月16日刑集65巻8号1285頁）．

証人審問権・喚問権　裁判において，被告人自身が反論する機会のない不利益な証言が証拠として採用されるならば，被告人の防御活動は不十分となり，また裁判の公正も損なわれることになる．そこで37条2項前段は，刑事被告人の証人審問権を保障している．これは，被告人がすべての証人に対し反対尋問する十分な機会を与えるよう要請するとともに，その機会が十分に与えられていないときはその証言は証拠となりえないとする，直接審理の原則（刑事訴訟法320条でいうところの伝聞証拠禁止の原則）を定めたものである．

　後段は「公費で自己のために強制手続により証人を求める権利を有する」と，証人喚問権を保障している．もっとも判例によると，裁判所は被告人申請の証人をすべて喚問する必要はなく，「当該事件の裁判をなすに必要適切な証人を喚問すればそれでよい」としている（最高裁大法廷判決昭和23年7月29日，刑集2巻9号1045頁）．また，「公費で」とあるが，有罪判決を受けた場合にも被告人に対して訴訟費用を負担させてはならないという趣旨ではないとする（最高裁大法廷判決昭和23年12月27日，刑集2巻14号1934頁）．この点については有力な異論もある．

弁護人依頼権　37条3項は，刑事被告人の弁護人依頼権を保障し，被告人

が自ら依頼できない場合の国選弁護人の制度を確立している。国選弁護人依頼権は、「貧困その他の事由」により（刑事訴訟法36条）自ら弁護人を依頼できないときに、刑事被告人が国に弁護人を要求しうる権利である。

供述の不強要と自白の証拠能力　38条1項は、被疑者・被告人および証人に対して、不利益な供述が強要されないことを保障している。これは、自白をひき出すために拷問がくりかえし行われてきたという歴史的事実を鑑みてのものであり、36条で拷問を否定し、本条では自白否定主義を確立している。これを受けて、刑事訴訟法198条2項・311条は、被疑者・被告人の黙秘権を保障している。

この点に関して、刑罰を用いて自己に不利な事実の供述を強制する行政法規が問題となる。最高裁は、自動車運転者の交通事故の報告義務について、報告などの義務づけは、交通秩序の回復など行政目的達成のためのもので、報告義務の中に「刑事責任を問われる虞れのある事故の原因その他の事項」までは含まれないと述べて、違憲ではないとする（最高裁大法廷判決昭和37年5月2日、刑集16巻5号495頁）。また収税官吏の質問検査についても、前述の通り「事実上、刑事責任追及のための資料の取得収集に直接結びつく作用を一般的に有する手続」ではないとの理由で、違憲でないと判示している（前掲川崎民商事件）。

38条2項は、「強制、拷問若しくは脅迫による自白」であるとか「不当に長く抑留若しくは拘禁された後の自白」といった、任意性のない自白の証拠能力を否定している。また、38条3項によって、任意性のある自白であっても、それを補強する証拠が別にないかぎり、有罪または刑罰を科すことができないとしている。すなわち物的・客観的証拠主義を採用しているといえる。

事後立法と「二重の危険」の禁止　行為時の適法行為が、事後立法によって罰せられるとすれば、人身の自由は意味をもたず、市民の生活は恐怖に陥る。したがって憲法39条は、まず事後法（遡及処罰）の禁止を規定している。そして「既に無罪とされた行為については、刑事上の責任を問はれない。又、同一の犯罪について、重ねて刑事上の責任を問はれない」と定めている。この規定をめぐっては、英米法的な「二重の危険」の禁止を定めたものと解するか、大陸法的な「一事不審理」の原則を定めたものと解するかで争いがある。前者は、刑事手続から生じる処罰の危険を被告人に二重に負担させてはならないとする

もので，後者は，判決が確定した場合には同一事件について再び審理することを許さないとするものである．

具体的には，39条によって，下級審の無罪または有罪の判決に対して，検察官が上訴して有罪またはより重い刑の判決を求めることができるのかいなかが問題となる．「一事不審理」という効果は，確定判決について生じるため，「一事不審理」説に立つと検察官上訴は認められる．他方，「二重の危険」の禁止と解し，1審判決によってすでに「危険」が発生したと考えるならば，検察官上訴は禁止されることになる．しかし最高裁は，「危険とは，同一の事件においては，訴訟手続の開始から終末に至るまでの一つの継続的状態と見る」として，確定判決にいたらない同一の事件では，「二重の危険」は存在しないとする（最高裁大法廷判決昭和25年9月27日，刑集4巻9号1805頁）．この点については，学説上異論もある．

（5） 刑事補償

憲法40条は，無罪の判決を受けた国民が刑事補償請求権を有することを規定している．刑事補償請求権の法的性格，内容については第8章で扱う．

第6章 社 会 権

1 生 存 権

(1) 生存権の意義

「生存権」観念の成立　18世紀から19世紀にかけての近代立憲主義の初期の段階においては，人権は，基本的には，国家からの自由と形式的平等を意味していた．当時は，国民の自由な活動の結果として，社会の調和と発展が生み出されると考えられていたとされている．それゆえ，国家は，国民の自由への介入を避け，最低限の秩序や治安の維持以上の権限を持つべきではないと考えられていた．自由国家（消極国家）の思想とよばれる考え方である．

こうした自由国家（消極国家）の思想や経済的自由の保障は，確かに資本主義の隆盛をもたらした．しかし，他方では，構造的な失業，貧困，疾病などの，多数のしかも深刻な社会問題をひきおこすこととなった．そうした中で，経済的，社会的弱者の救済のために国家が積極的な役割を果たすことを求める，社会国家（積極国家）の理念が，登場することになる．

「生存権」保障の憲法化　こうした社会国家（積極国家）の理念にもとづいて，生存権を保障し，そのための経済的自由の制限を定めた最初の憲法が，いわゆるワイマール憲法（1919年）である．同憲法151条は，「経済生活の秩序は，すべての者に人たるに値する生活を保障することを目的とする正義の原則に適合しなければならない」と定めている．ただ，これ以前にも，経済的弱者の救済を国の責務とする憲法は存在した．ワイマール憲法の独自性は，生存権の保障のための経済的自由の制限を規定している点にある．

日本国憲法25条は，「すべて国民は，健康で文化的な最低限度の生活を営む権利を有する．国は，すべての生活部面について，社会福祉，社会保障及び公

衆衛生の向上及び増進に努めなければならない」と規定して，生存権を保障している．この規定は，日本国憲法が，社会国家（積極国家）の理念に立脚するものであることを示している．

また，憲法25条は，社会権の基礎である生存権を保障するだけでなく，その他の社会権規定の解釈準則となる．

自由権と社会権　現在の一般的な理解によれば，生存権（25条）は，教育を受ける権利（26条），勤労の権利（27条），労働基本権（28条）とともに，社会権に分類される．表現の自由などの自由権が，基本的には国家からの自由，すなわち国家の不作為をもとめる権利であるのに対して，社会権は，国家に積極的な作為を求める権利であるという特色を持っている．

しかし，この区別を絶対視することは適切ではない．確かに，社会権は，経済的，社会的弱者が国家に救済を求める権利である．しかし，たとえば，社会権の一種である生存権は，国家の作為によって国民の「健康で文化的な最低限度の生活」が侵害されないことをも，その保障内容に含んでいると考えられる．これは，生存権の自由権的側面ととらえられている．したがって，生存権は，社会権的（請求権的）側面と自由権的側面を併せもっているのである．

（2）　生存権の法的性格

プログラム規定説　生存権の自由権的側面について見た場合，憲法25条が，裁判規範であることは，一般に認められている．国民は，「健康で文化的な最低限度の生活」を侵害する国家行為の違憲性を，訴訟において，主張することができるのである．他方で，社会権的側面との関係では，憲法25条が，どのような法的意味をもつのかについて，争いがある．

この点について，生存権は，法的権利ではないとするプログラム規定説が，憲法制定直後から，有力に主張されていた．プログラム規定説は，憲法25条は，裁判によって主張しうる具体的権利を保障するものでもなければ，国に対して生存権の保障を法的に義務づけるものでもないと解している．

つまり，憲法25条は，国が生存権を保障すべきことを政治的，道義的な義務として定めているにすぎず，この義務に違反しても，憲法違反という法的な評価を受けるものではないとするのである．この見解は，ドイツにおいて，ワイ

マール憲法の生存権に関する規定について主張されていたプログラム規定説の影響を受けたものである．

プログラム規定説の根拠は，以下の通りである．① 資本主義体制の下では，すべての国民に生存権を保障する実質的な基盤が欠けていること．つまり，人間の生存には，財産の所有または労働が必要であるが，資本主義の下では，国家がそれらをすべての国民に保障することはできないとされるのである．② 生存権の内容やその実現方法が，憲法に明記されていないこと．③ 生存権の保障には予算措置が必要であるが，予算は政治部門の裁量にゆだねられており，裁判所の権限が及ばないこと．

抽象的権利説　しかし，現在では，このプログラム規定説をとる学説は，ほとんど存在しない．日本国憲法25条は，すべての国民が，健康で文化的な最低限度の生活を営む「権利」をもつと規定している．この点で，「権利」という文言を欠くワイマール憲法151条とは，解釈の前提が異なるのである．

抽象的権利説は，資本主義のシステムが生存権を生み出したのであって，資本主義体制は，生存権の法的権利性を否定する根拠にはならないとする．抽象的権利説によれば，憲法25条は，あくまで国民の「法的」権利とその裏面としての国家の「法的」義務を定めたものであるとされる．それゆえ，国が生存権を十分に保障しない場合には，それは「違憲」との法的評価を受けることになる．

もっとも，抽象的権利説は，生存権は具体的な権利ではなく，あくまで「抽象的」権利であるとする．それゆえ，生存権を具体化する法律なしに，裁判所に生活扶助の請求など具体的な給付請求をすることはできない．

また，国会が，生存権を具体化する立法を行わないこと（立法不作為）が，違憲であることの確認請求の訴えも，憲法裁判所制度をとらない日本国憲法の下では，不可能であるとされている．裁判所が，具体的な立法を国会に義務づけることは，権力分立の建前からみても，憲法上無理があるとされるのである．

しかし，プログラム規定説と異なり，抽象的権利説は，生活保護法のような生存権を具体化する法律が，すでに制定されている場合には，それにもとづく行政処分が，憲法25条に違反することを裁判上主張できるという．

具体的権利説　生存権の法的性格については，具体的権利説，すなわち，生存権は，その社会権的側面においても「具体的権利」であるとする学説も，

少数ではあるが有力である．この学説は，憲法25条は，行政府を拘束するほどの明確性をもたないが，立法府を拘束する程度の明確性は備えているとする．それゆえ，具体的権利説は，立法不作為の違憲確認請求の訴えを提起することが許されるとする．

もっとも，立法不作為の違憲確認訴訟が許されることを明文で定めた法律はない．この点について，具体的権利説は，憲法訴訟手続法の制定が必要とする説と無名抗告訴訟の一種として現在の行政事件訴訟法の下でも可能とするものに分かれている．ただ，従来の具体的権利説は，裁判所に対する具体的な給付請求までは，認めていない．しかし，最近になって，裁判所に対する具体的な金銭給付の請求が可能とする有力な学説が現れている点が，注目される．

判 例　生存権の法的性格についての最初の最高裁判例は，食糧管理法違反事件における最高裁昭和23年9月29日大法廷判決（刑集2巻10号1235頁）である．この事件は，第二次世界大戦直後の食糧不足を補うために，闇米を購入，運搬し，食糧管理法違反に問われた被告人が，食糧管理法は，生存権を侵害し違憲であると主張した事案である．

この判決で，最高裁は，憲法25条1項は，「すべての国民が健康で文化的な最低限度の生活を営み得るよう国政を運営すべきことを国家の責務として宣言したものであ」り，「この規定により直接に個々の国民は，国家に対して具体的，現実的にかかる権利を有するものではない」との判断を示している．最高裁は，この判決で，具体的権利説を明確に否定したことになる．ただ，最高裁が抽象的権利説をも否定したのか否かは，明確でない．

もっとも，食糧管理法違反事件は，国家による生存権の積極的な侵害が問題とされたケースである．つまり，生存権の社会権的側面の法的性格について判断するのに適切な事件であったとはいえない．

それに対して，朝日訴訟では，生存権の社会権的側面が問題となった．この事件では，生活保護法に基づいて厚生大臣（当時）が行った，生活扶助の限度額を月額600円（当時）とする決定が，生存権を侵害するかどうかが争われた．

この訴訟の第1審判決である東京地裁昭和35年10月19日判決（行集11巻10号2921頁）では，厚生大臣が定めた生活保護基準が，憲法25条の定める基準以下である場合には，それにもとづく処分は，生活保護法に違反し，「憲法25条の

理念をみたさないもので無効」との判断が示された.

　それに対して，最高裁は，昭和42年5月24日大法廷判決（民集21巻5号1043頁）において，上告人（原告）が，上告後に死亡したことを理由に，訴訟打切りの判断を下した．ところが，最高裁は，念のためとして，同判決の中で，傍論としてではあるが，憲法判断を示している．それによると，憲法25条1項は，生存権を保障すべき国の責務を定めたものであり，具体的権利を保障したものではないとされる．

　ただし，最高裁は「健康で文化的な最低限度の生活」の認定は，厚生大臣の裁量にゆだねられるが，「現実の生活条件を無視して著しく低い基準を設定する等憲法及び生活保護法の趣旨・目的に反し，法律によって与えられた裁量権の限界をこえた場合または裁量権を濫用した場合には，違法な行為として司法審査の対象」になるとも述べている．これは，ごく限られた範囲においてではあるが，憲法25条1項に裁判規範性を認めたものと受けとめることもできる．

　その後，最高裁は，障害福祉年金受給者に児童扶養手当を支給することを禁止する児童扶養手当法の併給禁止規定の合憲性を争点とする堀木訴訟においても，憲法25条1項は国の責務を規定したものであって，個々の国民に具体的・現実的に生存権を保障するものではない旨を再度述べている（最高裁昭和57年7月7日大法廷判決，民集36巻7号1235頁）．

　その上で，最高裁は，憲法25条の趣旨の具体化に際して，広汎な立法裁量を認め，具体的な立法措置の選択は，「著しく合理性を欠き明らかに裁量権の逸脱・濫用と見ざるをえないような場合を除き，裁判所が審理判断するのに適しない」として，本件の併給禁止規定は合憲であると結論づけている．

（3）　生存権の内容

25条1項と2項の関係　　日本国憲法は，25条1項では，生存権を保障し，2項では，国が社会福祉，社会保障及び公衆衛生の向上・増進に努めることを要請している．この1項と2項の関係について，一般的には，2項は，1項の生存権の保障を国の責務の観点から規定したものだと解されている．したがって，1項と2項は，一体的に理解されていることになる．

　もっとも，2項は，1項よりもより広い範囲にわたる国の責務を規定したも

のであるとする学説も有力である．それによれば，1項は狭義の生存権を，2項は広義の生存権を保障した規定であるとされる．

　この点について，下級裁判所の裁判例の中には，憲法25条1項と2項を分離して理解するものもある．たとえば，堀木訴訟の控訴審判決（大阪高裁昭和50年11月10日判決，行集26巻10・11号1268頁）は，25条2項は，積極的な防貧施策を実施する国の努力義務を定めているのに対して，25条1項は防貧施策の実施によっても救済されない者に，生活保護のような事後的，補足的，個別的な救貧施策を行うことを国の責務とするものであると解している．この考え方は，25条1項・2項分離論（峻別論）とよばれている．

　これについては，積極的防貧施策が，救貧施策の一環として行われる場合もあり，両者を截然と区別することは，妥当でないなどとして，否定的にとらえるのが，一般的な考え方である．最高裁も，25条1項・2項分離論を採用していない．

生存権の社会権的側面　　生存権は，その社会権的側面においては，国家に対して，「健康で文化的な最低限度の生活」を確保するための積極的な施策の実施を求めることをその内容としている．

　国会は，生存権を保障するというその責務を果たすために，日本国憲法制定後，数々の法律を制定してきた．まず，生存権の保障にとって，基本的な重要性を持つとされる公的扶助の分野では，1950年に（旧）生活保護法が，全面改正され，現在の生活保護法が，制定された．

　また，社会保険の分野では，1947年に労働者災害補償保険法，失業保険法が制定された．加えて，国民健康保険法の全面改正（1958年），国民年金法の制定（1959年）などにより，医療と年金に関しても国民皆保険制度が確立した．社会福祉に関しても，児童福祉法（1947年），老人福祉法（1963年），障害者基本法（1970年）などが制定されている．

　特に近年では，日本社会の少子高齢化の中で，高齢者福祉の問題，とりわけ介護の問題が，深刻さを増している．それに対応するため，2000年4月に，介護保険法に基づく公的介護保険制度が導入された．さらに，障害者福祉の分野では，2005年に，障害者の地域での生活を支援するため，障害者自立支援法（現在の障害者総合支援法）が制定された．

生存権の自由権的側面　次に，生存権は，自由権的な側面においては，「健康で文化的な最低限度の生活」を営む自由を国家によって侵害されないことを内容としている．たとえば，経済的に困窮した状態にある者に対して，不当に高額の税を課すことや課税最低限の不当な引き下げなどは，生存権の侵害にあたる．

また，公害や環境破壊によって，生命や健康が脅かされる場合など，私人による生存権の侵害に対しても，憲法25条1項が，直接適用されると解されている．

なお，生存権の自由権的側面については，幸福追求権を保障する憲法13条や適正手続条項でカバーされており，25条を持ち出す必要はないとする意見もある．

近年，生存権との関係でも，環境保全の重要性が，認識されるようになっている．このこととの関係では，環境権が重要であるが，それについては，すでに述べた（第3章3）．

2　教育を受ける権利

(1)　教育を受ける権利の意義

教育は，人間が人格を形成し，自己を実現していく上で欠くことができない．また，民主主義の基盤の形成にとっても，きわめて重要である．そのため，欧米諸国では，19世紀から20世紀にかけて，公教育の法制化と無償の義務教育制度の整備が，進められていくことになった．

憲法との関係では，たとえば，ワイマール憲法145条が，無償の義務教育制度を定めている．さらに，第二次世界大戦後は，各国の憲法において，教育を受ける機会の保障が，規定されるようになる．日本国憲法も，26条において，「すべて国民は，法律の定めるところにより，その能力に応じて，ひとしく教育を受ける権利を有する」と規定している．

この教育を受ける権利は，すべての国民に，合理的な教育制度，施設，教育専門家による教育を受ける機会を保障するという，国家の積極的な行為を請求することを内容としている．それゆえ，教育を受ける権利は，社会権に分類される．

ただし，教育を受ける権利が，社会権としての性格をもつことは，もちろん，

教育の自由を否定するものではない．むしろ，教育を受ける権利は，教育の自由を前提とするものである．

（2） 教育を受ける権利の法的性格

かつての通説は，教育を受ける権利は，具体的な権利ではないと解していた．つまり，憲法26条は，立法や政策決定に際して，教育の機会均等を考慮し，適切な措置を講ずるという国家の責務を規定したものとされていたのである（プログラム規定説）．しかし，現在では，教育を受ける権利が，法的権利であることは，一般に承認されている．

（3） 教育を受ける権利の内容

学習権 教育を受ける権利は，かつては，経済的理由で教育を受けられない者が，国家に経済的援助を求めることを内容とする権利ととらえられていた．しかし，今日では，子どもが，教育によって，学習し，成長，発展していくことを求める権利，すなわち，学習権を基盤として把握されるようになっている．

最高裁も，旭川学力テスト事件において，憲法26条の背景には，「国民各自が，一個の人間として，一市民として，成長し，発達し，自分の人格を完成，実現するために必要な学習をする固有の権利を有すること，特に，みずから学習することのできない子供は，その学習要求を充足するための教育を自己に施すことを大人一般に対して要求する権利を有するとの観念が存在している」と判示している（最高裁昭和51年5月21日大法廷判決，刑集30巻5号615頁）．

教育制度の形成 憲法は，「法律の定めるところにより」教育を受けることを保障している．これは，明治憲法下のように，勅令などによるのではなく，教育制度についての法律主義を規定したものである．

逆にいえば，立法者は教育制度を整備する憲法上の義務を負うことになる．現在の多数説によれば，こうした立法義務は，憲法上確定している教育を受ける権利の内容を具体化する立法者の法的な義務であると解されている．

ただし，先の規定は，教育を受ける権利の内容は，すべて法律による具体化に委ねることを定めたものと解する学説もある．

さらに，別の学説は，立法者の義務は，教育を受ける権利をより手厚く保障

するという場面では，法的義務ではないが，権利を制限する方向での立法には，先の規定が，法的規範として適用されるとする（権利伸張説）．

教育の機会均等 憲法26条は，「その能力に応じて，ひとしく」教育を受ける権利を保障している．もちろん，法の下の平等を保障する憲法14条は，教育の場面にも，当然に適用される．憲法26条は，それを前提に，能力の違いに応じて異なった教育を行うことを認めていると解されている．

したがって，大学や高校の入学者を能力試験によって選抜することは，憲法上許される．しかし，受験者の資産，社会的身分，家庭の事情などを理由に差別することは，もちろん，憲法上許されない．

他方で，憲法26条は，個々人の個性に応じた教育を通じての教育の実質的平等化を要請していると解される．この面では，障害をもつ子どもの教育を受ける権利が，問題となる．この点については，障害児に対して，一般の児童の場合以上に，国が積極的に教育条件の整備を行うことが，憲法上求められるとする有力な見解がある．

(4) 教 育 権

教育を受ける権利については，「教育」の具体的な内容の決定権，いわゆる教育権を誰がもつのかが，重要な問題となる．教育，とりわけ，子どもの教育については，本人，親，国家，教師などが，それぞれ正当な関心をもっている．したがって，これらの教育に関わる者が，教育内容の決定に，それぞれどの程度関与すべきかが問題となる．

従来，教育権の所在について，国家教育権説と国民教育権説が激しく対立していた．国家教育権説は，具体的な教育内容を決めるのは，あくまで国会と国会に基礎をおく行政府であるとする．この説は，教育の内容は，国民全体の意思によって決定されるべきであるが，国民の意思は，国会の法律によって具体化されると考えるのである．

他方で，国民教育権説は，具体的な教育内容は，教師や親を中心とする国民が，決定すべきだとする．したがって，国家が，教育内容に介入することは，原則として，許されないとされる．この場合，教育の内容や方法についての教師の決定権は，憲法23条が，保障する学問の自由に根拠づけられる．

教育権については，下級裁判所のレベルで，裁判所の見解も分かれていた．いわゆる杉本判決（東京地裁昭和45年7月17日判決，行集25巻7号別冊1頁）が，国民教育権説をとり，いわゆる高津判決（東京地裁昭和49年7月16日判決，判時751号）は，国家教育権説をとった．

　高津判決は，教育内容や教育方法の決定にも，国の権限が及ぶとする．それに対して，杉本判決は，国は，教育制度を整備しなければならないが，「教育内容に介入することは基本的には許されない」とする．

　しかし，今日では，国家や教師，親などが，教育内容の決定について，それぞれ一定の権限をもつべきだと考えられている．最高裁も，旭川学力テスト事件において，親の教育の自由（家庭教育，学校選択の自由など），私学教育の自由，教師の教育の自由を一定範囲で認めた上で，それ以外の領域について，国が「必要かつ相当と認められる範囲において，教育内容についてもこれを決定する権能を有する」と判示している（最高裁昭和51年5月21日大法廷判決，刑集30巻5号615頁）．最高裁は，国家教育権説と国民教育権説のどちらも否定し，折衷的な立場に立っているのである．

(5) 教育を受けさせる義務

　憲法26条2項前段は，教育を受ける権利，特に，子どもの学習権の実質的保障の観点から，親などの保護者が，その保護する児童に教育を受けさせる義務を規定している．この義務は，勤労の義務，納税の義務と並んで，日本国憲法の3大義務の1つとされる．

　教育を受けさせる義務の履行に際しては，親の教育の自由の観点から，家庭教育の自由と学校選択の自由が認められる．しかし，家庭教育のみによってこの義務を果たすことは認められないというのが，一般的な見解である．ただし，親の教育の自由の一環として，認められる余地があるとする意見もある．

(6) 義務教育の無償

　また，憲法は，「義務教育は，これを無償とする」と定めている（26条2項後段）．「無償」とされる範囲については，憲法が，無償としているのは，授業料のみであるとする授業料無償説が通説である．教育は，国家の関心事であるだ

けでなく，子どもの教育についての親の責任という点からみて，親も，教育について一定の経済的負担を負うのが当然とされている．

通説に対して，就学必需費無償説（就学費無償説）は，憲法は教科書代，教材費，学用品費など義務教育に必要な一切の費用の無償（＝国庫負担）を保障していると解している．

また，無償の範囲の決定は，法律に委ねられているとする無償範囲法定説もある．

なお，授業料無償説，就学必需費無償説のどちらの立場をとるにしても，授業料の無償を定めた憲法26条2項後段が，裁判規範性を有することは認められている．

最高裁は，憲法26条2項後段は，「国が義務教育を提供するにつき有償としないこと，換言すれば，子女の保護者に対しその子女に普通教育を受けさせるにつき，その対価を徴収しないことを定めたもの」として，授業料無償説の立場に立っている（最高裁昭和39年2月26日大法廷判決，民集18巻2号343頁）．

ただ，授業料無償説も，憲法の趣旨から考えれば，授業料以外の教育費についても，国が負担することが，望ましいとしている．また，授業料無償説の立場に立ちつつ，授業料以外の部分についての無償の範囲の決定には，立法裁量が認められるが，過度の教育費の負担によって，教育を受ける権利が侵害された場合には，裁量の範囲を超えたものとして，違憲となるとする学説も有力である．

3　労働権

（1）労働権の法的性格

憲法27条1項では，「すべて国民は，勤労の権利を有し，義務を負ふ」と規定されている．憲法25条は，生存権を保障しているが，日本国憲法は，日々の生活の糧は，各人が，労働によって獲得することを前提としていると解されている．労働の持つこうした重要性ゆえに，勤労の権利（労働権）が，憲法上の権利として保障されているのである．

労働権の法的性格については，憲法27条は，国家が，労働権を具体化すべき

政治的な義務を負うことを定めた規定であるというのが，一般的な考え方である（プログラム規定説）．もっとも，プログラム規定説も，法律の改廃などによって，積極的に国民の労働権を侵害した場合には，そうした国家行為は，違憲・無効になるとする．

それに対して，立法不作為による労働権の侵害は，救済できないが，労働権を侵害するような解雇を無効とする効力は，認められるとする有力な見解もある．

また，労働権は，裁判上主張し得る具体的権利であるとする具体的権利説もある．もっとも，具体的権利説は，生存権の場合と同様，裁判所に具体的な就労の機会の付与を請求することはできないとする．ただ，国が，労働権の保障のための最低限度の立法も行わない場合には，立法不作為の違憲確認訴訟が可能とするのである．

（2） 労働権の内容

労働権は，労働の能力と意欲をもちながら，就労の機会を得られない場合に，国に対して，労働の機会の付与を求め，それが与えられない場合には，国に対して，相当額の生活費の給付を求めることを内容とする権利であると解されている．そして，国家は，労働権を具体化するための措置をとる責務を負うことになる．

もっとも，労働権は労働の自由を前提とし，労働の自由の侵害は，憲法27条1項だけでなく，13条や22条1項にも，違反するとされている．

労働権が，私人間に直接適用されるかどうかについては，争いがある．ここでは，使用者が労働者を解雇しようとする場合に，憲法27条1項が，解雇に何らかの制限を課すことになるかが，主な論点となっている．

この問題については，解雇自由説，解雇権濫用説，正当事由要求説が，対立している．解雇自由説は，期限の定められていない労働契約は，自由に解約できるとする．それに対して，解雇権濫用説は，基本的には，解雇は自由であるが，解雇権が濫用された場合には，労働権の侵害になるとする．また，正当事由要求説は，憲法上の生存権，労働権の保障から見て，解雇には正当事由が必要だと主張している．

(3) 労働条件の法定

使用者と労働者の関係は，両者の経済的な力関係を反映して，実際には，自由意思にもとづく対等な関係にならないことが多い．そのため，労働条件をすべて私人間の契約によって定めうるとすると，経済的弱者である労働者は，きわめて劣悪，過酷な労働条件の下で働かざるを得なくなる．

それゆえ，憲法27条2項は，「賃金，就業時間，休息その他の勤労条件に関する基準」を法律で定めることを国に対して義務づけている．労働条件の基準は，労働基準法や最低賃金法で定められている．

(4) 児童の酷使の禁止

憲法27条3項は，過酷な労働条件の下で児童を酷使することを禁止している．27条1項は，労働条件の基準の法定を義務づけているが，ここでは，重ねて児童について，特別な規定をおいていることになる．これは，児童の酷使が，その心身の発育に与える害悪の大きさや従来児童の保護が不十分であったことなどによるとされている．

(5) 勤労の義務

憲法27条1項は，労働権を保障するとともに，勤労の義務も規定している．もちろん，日本国憲法が，財産権と職業選択の自由を保障していることから考えても，勤労の義務によって強制労働が正当化されるわけではない．

ただ，多くの学説は，勤労の義務の規定は，単なる道徳的な規定ではなく，労働の能力と機会があるにも関わらず，勤労の義務を果たさない者には，生存権，労働基本権が保障されないという点で，法的な意味をもった規定であると解している．

4 労働基本権

(1) 労働基本権の意義

近代法の原則によれば，使用者と労働者の関係は，形式的には自由，平等かつ独立した人格相互の関係であるとされる．もちろん，現実には，経済的強者

である使用者に対して，経済的弱者たる労働者は，自由，独立の主体ではありえない．そうした状況の中で，劣悪な労働条件の下での労働を強いられていた労働者が，使用者と対等の立場に立つためには，団結による地位の強化が必要となる．

このような観点から，憲法は，使用者と労働者の間の実質的な平等を確保するために，28条において，「勤労者の団結する権利及び団体交渉その他の団体行動をする権利は，これを保障する」として，労働基本権を保障しているのである．

労働基本権という用語は，前述の労働権を含む意味で用いられることもあるが，ここでは団結権，団体交渉権，団体行動権（争議権）の労働三権をあわせて労働基本権とよぶこととする．

（2） 労働基本権の内容

すでに述べたように，労働基本権は，経済的弱者たる「勤労者」の権利である．「勤労者」とは「職業の種類を問わず，賃金，給料その他これに準ずる収入によつて生活する者」（労働組合法3条）を意味すると考えられている．通説は，公務員にも労働基本権が保障されると解している．また，「勤労者」には，外国人も含まれると解される．

労働基本権は，次の3つの側面からなっている．まず，第1に，労働基本権の行使としての正当な争議行為や労働の放棄に対しては，刑罰を科されることはない．

第2に，労働基本権の正当な行使については，民事責任も問われない．本来，労働者は，使用者との労働契約により，労働を提供する法的義務を負う．しかし，労働基本権の正当な行使の結果として労働が提供されなくとも，それは憲法上の権利の行使であり，債務不履行にはあたらないとされる．したがって，使用者から，解雇や損害賠償の責任を問われることはない．これは，労働基本権の私人間効力に関わる問題であるが，通説は，基本的には，間接適用説の立場に立ちつつ，労働基本権については，直接適用を認めている．

第3に，労働基本権が侵害された場合には，国，具体的には，労働委員会によって行政的な救済を受けうることも，憲法28条によって保障されていると解

されている．

（3）団結権

　団結権は，労働条件の維持・改善を目的とする団体の結成とそれへの加入の権利である．こうした団体には，労働争議の際に一時的に作られる争議団や継続的な組織である労働組合が含まれる．また，団結権は，争議団や労働組合自体の活動の自由も含んでいる．

　団結権が保障されていることから，労働組合への不加入やそこからの脱退を条件とした雇用契約（黄犬契約）や労働組合の結成や組合への加入を理由とする解雇は，違憲・無効である．ただし，一般に，団結権の行使を阻害するための会社の解散は，許されると解されている．

　日本の場合，多くの労働組合は，雇用後の労働組合への不加入・脱退に際して，使用者に当該労働者の解雇を義務づけるユニオン・ショップ制を採用している．しかし，団結権も含めて結社の自由は，本来団結しない自由を含んでいる．したがって，ユニオン・ショップ制などの組織強制が，団結権を侵害しないかが問題となる．

　この点については，使用者と労働者との実質的な平等を実現するためには，ユニオン・ショップ契約を有効とすることによって，労働組合の強化を図る必要があるというのが多数説である．労働組合は，一般の結社とは，性質が異なるとされているのである．日本では，企業別労働組合が主流であるため，ユニオン・ショップ契約を認めても，労働権の否定に直結しないことも，その理由となっている．

　また，労働組合が，団結権を根拠として，組織強化のために，組合員に対して一定の統制権を行使することも許されている．最高裁昭和43年12月4日大法廷判決（刑集22巻13号1425頁）でも，労働組合の統制権が「憲法28条の精神に由来するものということができる」とされている．もっとも，最高裁は，この判決で，選挙において，組合の統一候補以外の組合員に対して，立候補の取りやめを要求し，それに従わない組合員を処分することは，組合の統制権の限界を超えると判断している．

（4） 団体交渉権

　労働者には，労働組合を通じて使用者と交渉する権利（団体交渉権）が，憲法上保障されている．使用者が，正当な理由なく団体交渉を拒むことは，不当労働行為にあたる．そして，団体交渉により一定の合意に達した場合には，労使間で労働協約が締結される．この労働協約には，憲法によって，法的拘束力が与えられると解されている．

　さらに，団体交渉権の保障は，次の内容を含んでいる．第1に，団体交渉権の行使については，刑罰を科せられることはない．ただ，許されるのは，平和的な交渉であって，暴行罪や脅迫罪にあたるような行為は，免責されない．不必要に多人数の労働者が参加する大衆団交や吊し上げ団交も違法である．第2に，正当な団体交渉権の行使は，民事上も債務不履行や不法行為にはあたらない．また，団体交渉が，不当に拒否された場合には，労働委員会による救済が与えられる．

　なお，団体交渉権が，使用者に団体交渉に応じさせることを裁判所に請求することができるような具体的な権利か否かについては，争いがある．

（5） 団体行動権（争議権）

　憲法28条は「その他の団体行動をする権利」を保障している．その代表的なものは争議権である．争議行為には，労働者の集団的な労働放棄や不完全な労務の提供としてのストライキ，作業能率を意図的に下げる怠業，ピケッティングなどがある．正当な争議行為に対して刑罰を科すことは，憲法上許されない．また，債務不履行や不法行為を理由とする民事上の責任を負わせることも，許されない．

　もっとも，内閣の打倒や法律の制定などの政治的目的を掲げる政治ストや労働組合が経営者を排除して一時的に企業経営を行う生産管理などについては，憲法28条によって保護される正当な争議行為といえるか否かについて争いがある．政治ストの合法性については，政治スト違法説，経済的政治スト合法説，政治スト全面合法説がある．

　政治スト違法説は，ストライキによって政治に影響を与えようとすることは，議会制民主主義や三権分立の原則に反し，また，使用者は政治的な要求に

応えるすべをもたないのであるから，政治ストは，すべて違法であるとする．

それに対して，政治スト全面合法説は，ストライキ権の歴史的，社会的意味や政治ストは労働者の政治参加の側面を持つことなどを理由に，あらゆる政治ストが，憲法上許されていると解する．

この両者の間に位置するのが，経済的政治スト合法説である．この説は，争議権の保障の目的は，労働者の生活利益の保護や生存権の保障にあるとする．したがって，労働者の経済的地位の維持・向上につながる経済的政治ストは，合法であるとされることになる．また，純粋政治ストは，表現の自由を保障した憲法21条の保護を受け，少なくとも刑事罰を科せられることはないとされる．

最高裁は，全農林警職法事件において，一般に政治ストは許されないと判示している（最高裁昭和48年4月25日大法廷判決，刑集27巻4号547頁）．

生産管理についても，違法とする見解と一定の範囲においては合法とする見解がある．最高裁は，生産管理は，経営者の財産権や，営業の自由を含む職業選択の自由を侵害し違法であるとしている（最高裁昭和25年11月15日大法廷判決，刑集4巻11号2257頁）．

（6） 労働基本権の制限

労働基本権についても，一定の制限が，認められる場合がある．現行法上，特に公務員や地方公営企業職員については，きわめて厳しい労働基本権の制限があり，その合憲性が問題となってきた．

団結権の制限　まず，警察職員，消防職員，海上保安庁職員，刑事施設職員，自衛隊員については，そもそも団結権が否定されている（国家公務員法108条の2第5項，地方公務員法52条5項，自衛隊法64条1項）．それ以外の非現業の公務員については，勤務条件の維持・改善を目的とする「職員団体」（労働組合法上の労働組合ではない．）を組織することが認められている．ただし，職員団体については，ユニオン・ショップ制が，禁止されている．

団体交渉権の制限　団体交渉権については，国家公務員法，地方公務員法において，当局が「職員団体」との交渉に応じる義務を負うことが規定されている（国家公務員法108条の5第1項，地方公務員法55条1項）．ただし，国または地方公共団体の事務の管理・運営に関する事項を交渉の対象とすることはできな

い（国家公務員法108条の5第3項，地方公務員法55条3項）．また，団体協約を結ぶ権利は保障されない（国家公務員法108条の5第2項，地方公務員法55条2項）．

行政執行法人職員，地方公営企業職員については，団体交渉権，労働協約締結権が認められているが，行政執行法人などの管理・運営に関する事項は交渉の対象にできない（行政執行法人の労働関係に関する法律8条，地方公営企業等の労働関係に関する法律7条）．

団体行動権（争議権）の制限　公務員（行政執行法人職員を含む．），地方公営企業職員については，同盟罷業，怠業その他の争議行為が禁止されている（国家公務員法98条2項，地方公務員法37条1項，行政執行法人の労働関係に関する法律17条1項，地方公営企業等の労働関係に関する法律11条1項）．しかも，公務員の争議行為を企て，その遂行を共謀し，そそのかし，あおった者には，刑罰が科される（国家公務員法110条1項17号，地方公務員法61条4項）．

（7）　労働基本権の制限の合憲性

「全体の奉仕者」論　公務員の労働基本権の制限の合憲性について，最高裁の判例は，揺れ動いてきた．まず，初期のケースとしては，政令201号事件がある．この事件では，公務員の争議行為を禁止する政令201号の合憲性が，争点となった．

最高裁昭和28年4月8日大法廷判決（刑集7巻4号775頁）は，公務員にも労働基本権が保障されるが，労働基本権も公共の福祉による制限に服し，「殊に国家公務員は，国民全体の奉仕者として（憲法15条）公共の利益のために勤務し」なければならないとして，公務員の争議行為の禁止は，憲法28条に反しないとしている．

この判例が示すように，当初，最高裁は，「全体の奉仕者」という憲法15条2項の文言を拠り所として，公務員の労働基本権の制限を簡単に合憲としていた．

比較衡量論　しかし，こうした「全体の奉仕者」論は，その後の判例の展開の中で修正されていく．この時期の代表的な判例は，全逓東京中郵事件における最高裁昭和41年10月26日大法廷判決（刑集20巻8号901頁）である．

この判決で，最高裁は，まず，「全体の奉仕者」を根拠に，公務員の労働基本権をすべて否定することは，許されないという．そして，公務員の労働基本

権の制限は,「労働基本権を尊重確保する必要と国民生活全体の利益を維持増進する必要とを比較衡量して」, 合理的な必要最小限のものにとどまるべきだとするのである.

また, 都教組事件では, 地方公務員である教員の争議行為の禁止の合憲性が問題となった. 最高裁昭和44年4月2日大法廷判決 (刑集23巻5号305頁) は, 地方公務員法37条1項が, 一切の争議行為を一律に禁止しているのであれば, 憲法の趣旨に反し, 必要やむを得ない限度を超えて争議行為を禁止するものとして, 違憲の疑いがあるという.

その上で, 争議行為の中には, 地方公務員法37条1項が適用されるほどの違法性がないものもあり, また同法61条4号によるあおり行為の処罰についても, 争議行為に通常随伴する程度の行為は, 処罰の対象とならないという形で, 合憲限定解釈を行っている. 同じ日に出された全司法仙台事件における最高裁判決も, 同様の見解を示している (最高裁昭和44年4月2日大法廷判決, 刑集23巻5号685頁).

判例の変更　ところが, 公務員の労働基本権についての最高裁の判例は, その後明示的に変更されることになる. まず, 全農林警職法事件では, 非現業公務員の争議行為の禁止の合憲性が問題とされた. 最高裁昭和48年4月25日大法廷判決 (刑集27巻4号547頁) は, まず,「公務員の地位の特殊性と職務の公共性」を根拠に, 公務員の労働基本権の「必要やむをえない限度の制限」が許されるとする.

そして, 最高裁は, 勤務条件法定主義, 財政民主主義, 議会制民主主義, 公務員の争議行為に対する市場の抑制力の欠如, 代償措置の存在などを指摘して, 争議行為の全面禁止は, 合憲であると結論づけている. そして, 争議行為のあおり行為に対する刑事罰について, 全司法仙台事件における最高裁の判例は,「本判決の判示に抵触する限度で変更を免れない」として, あおり行為の処罰の範囲を限定するそれまでの判例を変更したのである.

岩手教組事件でも, 最高裁昭和51年5月21日大法廷判決 (刑集30巻5号1178頁) は, 先の全農林警職法事件の判例に依拠することを明示して, 地方公務員の争議行為の一律禁止 (地方公務員法37条1項) とそのあおり行為の禁止 (地方公務員法61条4号) は, 合憲であると判断している. また, 全逓名古屋中郵事件では,

最高裁昭和52年5月4日大法廷判決（刑集31巻3号182頁）が，3公社5現業（当時）の職員の争議行為の一律禁止を合憲としている．

第7章 国民主権と政治参加

1 国民主権原理

(1) 国民主権の意味

主権という概念　主権という概念は，フランスにおいて絶対王政の形成期に，君主が，対内的には封建領主に対する自己の最高性を，対外的にはローマ法王に対する自己の独立性を主張するために用いたものである．また，絶対王政の下では，「朕は国家なり」と言われるように，最高独立の君主権力は国家そのものであり，君主は，国の政治のあり方を最終的に決定する権力をもっていた．このような歴史的沿革から，主権概念には一般に，①国家権力そのもの，②国家権力の最高独立性，③国の政治のあり方を最終的に決定する権力ないし権威，の3つの意味があるとされる．

ナシオン主権とプープル主権　資本主義が発達しだすと，そのいっそうの発展を推進する新興ブルジョアジーにとって，課税権などを通じて資本主義の発展を抑圧する君主権力は敵対するものとなる．それゆえ，フランス革命において，新興ブルジョワジーは「君主主権」への対抗概念として，「国民主権」を掲げ，君主から，「国の政治のあり方を最終的に決定する権力」としての主権を奪い取ろうとした．

革命時の1791年憲法は，「主権は，単一，不可分，不過譲で，かつ，時効によって消滅することがない．主権は国民（nation）に属する」「人民（peuple）のいかなる部分も，いかなる個人も，主権の行使を自己に帰属させることができない」「すべての権力は，国民に由来する．国民は委任によってしかそれを行使することができない．フランス憲法は代表制をとる．代表は立法府と国王である」と定める．ここでの「国民」とは，観念的・抽象的存在としての「国民」

であって，具体的に存在する1人ひとりの国民ではない．また，国民に属するとされる「主権」とは，正当性の根拠を示すにとどまる．したがって，主権を行使するのは代表者ということになるが，国民は観念的・抽象的存在であるため，代表者の意思よりも前に国民の意思は存在せず，代表者が表明した意思が国民の意思となる．つまり，代表者は国民に拘束されることはなく（純粋代表），個々の国民が代表を選ぶことも要請されず，制限選挙すら正当化されるのである．これは「ナシオン主権」と呼ばれる主権原理で，一方で「君主主権」を否定し，支配の正当性の根拠を「国民」に求めるものの，他方で，民衆の政治参加を排除するという役割を果たす．

　ところが1793年憲法は，「主権は人民（peuple）に存する」「主権者である人民は，フランス市民の総体である」「人民が，法律を審議決定する」と定め，21歳以上の男子による普通選挙制を採用した．これは「プープル主権」と呼ばれる主権原理で，ここでいう「人民」とは，具体的に存在する1人ひとりの国民，ひいては有権者の総体としての国民（人民）と解される．また「プープル主権」は，直接民主制を構想しており，人民は主権意思をもち，行使するものとされる．すなわち，ここでの「主権」とは，権力的契機を意味する．さらに，代表についての考え方にも変化が生じ，代表者には選挙民の意思を可能なかぎり正確に反映することが要請されるようになる（半代表）．

　このようなナシオン主権からプープル主権へという歴史的発展は，なにもフランスだけのことではない．産業革命を経て，労働者・民衆が力をつけだすと，彼らは，支配の根拠を国民に求めながらも実存する国民の意思を反映しない，そのようなナシオン主権のイデオロギー性を認識するようになる．そして，労働者・民衆は，民意にもとづく政治や自らの政治参加を求める運動を展開し，やがては普通選挙制を確立するのである．

(2)　日本国憲法における国民主権原理

天皇主権の否定　明治憲法は，「大日本帝国ハ万世一系ノ天皇之ヲ統治ス」（1条）とし，「天皇ハ国ノ元首ニシテ統治権ヲ総攬シ此ノ憲法ノ条規ニ依リ之ヲ行フ」（4条）と定めていた．そのため，一般には，主権は天皇にあると解されていた．もっとも，明治憲法下においても，国家を権利主体と考えるドイツ

の国家法人説に依拠して、統治権は国家にあり、天皇は国家の意思を決定する最高機関だとする「天皇機関説」を主張することによって、憲法の神権主義的性格を弱めようとする見解もあった（この見解は国体に反するとして禁止された（天皇機関説事件））。

それに対して、日本国憲法は、前文で「主権が国民に存すること」を宣言し、1条で、天皇の地位が「主権の存する日本国民の総意に基く」としている。このことは、日本国憲法が国民主権に立脚しており、天皇主権を否定したことを意味する。

国民主権の理解　先に見たフランスの議論などを参照しつつ、日本国憲法の国民主権をいかに理解するかについては、多様な見解がある。まず、国民主権の「国民」をどう解するかであるが、天皇を除くことを前提にして、a．ナシオン的に全国民の総体、b．プープル的に有権者の総体、c．前二者の両方の側面、とに分かれる。次に、国民主権の「主権」をめぐっては、x．権力的契機を強調する、y．正当性の契機を強調する、z．両者をあわせもつとする、に区分される。このような見解の対立の背景には、「権力の民主化」か「権力からの自由」か、という志向する憲法論の違いがあると思われる。また、この対立は、たとえば憲法43条の「全国民を代表する」という規定の解釈などをめぐって、具体的な違いとしてあらわれる。

「権力の民主化」を志向するある論者は、ナシオン主権からプープル主権へ、という歴史の発展を重視し、国民主権をb―xと解する。そして、命令的委任を積極的に肯定するなど、日本国憲法の規定をプープル主権に向けて解釈する。

他方、国家権力の行使者と正当性根拠としての主権者との間に分裂があることを自覚するべきとする立場は、「権力からの自由」を志向し、権力に対抗する人権という視点を重視する。この立場の論者は、国民主権をb―yと解し、プープル主権の要請として普通選挙制のもと、代表者は被代表者の意思を忠実に反映するよう求められるが、必ずしもその意思に拘束されるものではないとの代表制理解を示す。

さらにc―zと解するある論者は、日本国憲法における国民主権の観念には、権力性と正当性の両契機が併存しており、権力性とは具体的には憲法改正

を決定する権能をいい，そこでの国民は政治的意思表示を行うことのできる有権者であるが，国家権力の正当性の淵源としての国民は有権者に限定されることのない「全国民」だ，という．

また，c─zと解する別の論者も，国民主権を単一の次元で捉えるべきではなく，複数の次元で把握すべきだとし，正当性の原理としての側面と，実定憲法上の構成原理としての側面，それはさらに区分されて，国家の統治制度の民主化に関する側面と，公開討論の場の確保に関する側面とがある，とする．そして，前者の正当性の原理としての側面では，主権は観念的統一体としての国民にあるが，国民の制憲権は，憲法改正権として制度化されており，その限りで国民は有権者として現れる，という．後者における国民とは，おそらく有権者ということになるであろうが，選挙や国民投票に限らず，種々の表現行為による主権者意思の表明を重視するならば，権力的契機に着目しても，国民を有権者に限定する必要はないであろう．

ところで，国民主権の国民とは，日本国籍保持者であると一般に解されているようである．しかし，国民主権が君主主権の対抗原理として登場したことに注目するならば，国籍を保持するかいなかは大きな問題ではない．したがって，国民主権の国民を当然に日本国籍の保持者と解するのではなく，生活実態が日本にある者と解するべきだとする見解も，今日では有力である．

国民主権と民主主義　　以上のように，国民主権をめぐっては，さまざまなレベルでさまざまな議論が交錯している．そこで近年，国民主権原理を正当性の根拠の問題として把握し，ただ憲法改正権についてのみ権力的契機を認め，選挙など日常の統治の問題は「民主主義」の問題として捉えるべきだ，との主張がある．日本国憲法の国民主権原理が，天皇主権を否定したことを確認したうえで，国民の日常的な政治参加のありようを動態的に捉えるという意味では，注目に値する．

（3）　象徴天皇制

明治憲法下の天皇制との相違　　明治憲法下の天皇の地位は，その根拠を神勅（天照大神の意思）に求め，天皇は神聖不可侵の存在で，統治権の総攬者であった．ところが，日本国憲法の下，第1に，天皇の地位は「日本国および日本国

民統合の象徴」となり，しかもその根拠を「主権の存する日本国民の総意に基く」（1条）としている．すなわち，象徴天皇の地位は，国民の総意により変更することも可能となったのである．第2に，天皇の神聖不可侵性は，天皇の人間宣言（1946年元旦）によって否定された．それゆえ，天皇の尊厳を侵す行為を厳しく処罰していた，戦前の不敬罪は廃止された．第3に，天皇は，「憲法の定める国事に関する行為のみを行ひ，国政に関する権能を有しない」（4条）としている．

このように，日本国憲法下の象徴天皇制は，戦前の天皇制とは大きく異なる．しかし，そもそも日本国憲法の立脚する国民主権原理と天皇制とは，矛盾するものであり，「日本国憲法第1章は，国民主権原理と天皇制との妥協の産物である」とも指摘される．それゆえ，憲法解釈においては，国民主権原理にもとづいた解釈が求められよう．

　　象徴としての天皇　　象徴とは，たとえば，「鳩が平和の象徴である」というように，形のない抽象的な事物を示すのに役立つ形のあるもののことである．問題は，憲法1条の象徴規定が，何らかの法的な意味をもつのか否か，である．この規定により，天皇は国民の中に含まれていないことになり，政治活動や表現の自由など，個々の国民に認められている基本的人権も，天皇には原則として制限されると解される．

　では逆に，この規定は，特別の権能を天皇に付与することになるのであろうか．そもそも憲法は，権力を拘束することを目的としていること，さらに天皇は「権威」として利用されてきた歴史をもつことなどから，天皇は憲法の定める国事行為のみを行い「国政に関する権能を有しない」とする，憲法4条を厳格に解すべきであり，象徴規定は，何ら天皇に特別の権能を付与するものではない，とすべきである．これに関連して，最高裁は，天皇が象徴であるという理由だけで「天皇には民事裁判権が及ばない」としている（平成元年11月20日，民集43巻10号1160頁）が，象徴規定に特別の法的意味を読みこんでいる点は問題である．

　ところで，天皇が「元首」であるか否かが，しばしば問題となる．そもそも元首とは何か，という点から問題であるが，一般には，外国に対して国家を代表するもの，とされる．憲法が外交関係について天皇に認めているのは，憲法

7条5号・8号・9号の形式的・儀礼的行為のみで，憲法では，外交関係の処理や条約の締結は内閣が行うと規定している (73条2・3号)．したがって多数説は，日本の元首を内閣または内閣総理大臣と解する．しかし，日本国憲法上，元首と目されるものはいない，という見解も有力に主張されている．

皇位の世襲と継承　憲法2条は「皇位は世襲のもの」と規定する．世襲制は民主主義や平等原則に反するものであり，ここに象徴天皇制の矛盾が見られる．

また，皇位の継承については「国会の議決した皇室典範の定めるところによる」，とされる (2条)．それによると，継承の資格者は「皇族に属する男系の男子」のみで，女子には継承権が認められていない (典範1条)．それゆえ，一般国民の基本的人権の保障を定めた憲法3章からすると，男女平等の原則に反することになるが，天皇は3章にいう国民ではないため，違憲問題は当然には起こらない．もっとも，皇室典範は憲法の下位法であって，国会が改正して「女帝」を認めるとしても憲法上何ら問題とはならない．2005年11月，首相の私的諮問機関「皇室典範に関する有識者会議」は，男性天皇の女子が皇位を継承する「女性天皇」や，母方だけが天皇の血筋を引く「女系天皇」を認める報告書をまとめ，皇室典範の改正をめぐって議論が生じている．

2016年に天皇は，ビデオメッセージにて身体の衰えにより公務をつづけることが難しくなるのではないかと案じている，と述べた．これを受けて天皇の生前退位をめぐる議論がわき起こり，2017年に退位を一代限りで認める特例法が成立した．

天皇の権能と内閣の「助言と承認」　憲法4条により，天皇は，政治にかかわる権能をいっさいもたず，憲法6条・7条に列挙された12の国事行為のみを行うことになる．このように日本国憲法は天皇の権能を大幅に限定したうえで，さらに権能行使の要件について，内閣の「助言と承認」が必要だ，と規定している (3条)．すなわち，天皇が単独で国事行為を行うことは許されず，あくまでも内閣が主導権を握って天皇に国事行為を行わせ，それにともなう責任は，内閣が全面的に負うというのである．

国事行為のうち，たとえば，内閣総理大臣については「国会の指名」(6条1項・67条1項)，最高裁判所の長官については「内閣の指名」(6条2項) という

ように，その実質的決定権の所在が明記されているものについては，解釈上問題とならない．ところが，衆議院の解散（7条3号）のように，それ自体政治性が強いにもかかわらず，憲法上実質的決定権の所在が明らかでないものについては，その所在をめぐって解釈上争いが生じる．

　天皇の国事行為が形式的・儀礼的であるのは，内閣の「助言と承認」の結果であるとする立場は，衆議院の解散の根拠を内閣の「助言と承認」に求め，内閣の自由な解散権を認める（A説）．それに対し，天皇の国事行為はそもそもはじめから形式的・儀礼的な行為だと考える立場は，内閣の「助言と承認」に実質的決定権はないとする．したがって，この立場は憲法7条以外に衆議院の解散の根拠を求めることになるが，そのうちB説は，衆議院による内閣不信任決議にともなう解散を規定した憲法69条を根拠とする．他方C説は，権力分立や議院内閣制といった，憲法の全体構造にその根拠を求める．そのためB説は，衆議院による内閣不信任決議が可決したときのみ衆議院を解散することができるとするが，C説は，不信任決議とかかわりなく内閣の自由な解散権を認める．

　天皇の公的行為　　天皇は国家機関として12の国事行為を行うが，同時に当然，私人として登山などの私的行為も行う．問題となるのは，実際のところ，国事行為でもなく私的行為ともいえない行為（公的行為）が行われている，ということである．たとえば，国会開会式に参列しての「おことば」の朗読，国内巡行，外国元首の接受ないし接待，外国元首との親書・親電交換，国体や植樹祭への出席などがこれにあたる．これらの公的行為を，象徴としての地位にもとづくものとして認める見解（象徴行為説）や，天皇に限らず知事や市長など公人には，鉄道開通式への出席など社交的・儀礼的行為が期待されており，天皇にも公人としての地位にもとづくものとして認める見解（公人行為説）もある．

　しかし，国民主権原理にもとづく解釈を徹底するならば，このような公的行為は認めるべきではないであろう．

　皇室の財産　　明治憲法下では，皇室財産に関する規定は設けられておらず，帝国議会の審議権も認められていなかった（皇室自立主義）．ところが，日本国憲法の下においては，皇室自立主義は否定され，皇室の財政も国会の監視と統制下におかれることになった（88条）．また，憲法8条は，皇室に大きな財

産が集中したり，皇室が特定の個人や団体と結びつくことを防止している．

2　政治参加の権利

(1)　政治参加の諸形態

公務員の選定罷免権　国民主権原理は，国民の政治参加の権利（参政権）の保障を不可欠とする．政治参加の方式には，国民が政策の決定や執行に直接参加する直接民主制と，国民が選定した公務員に政策の決定や執行を委ねる間接民主制とがあるが，すべての場合に直接民主制を採用することは現実問題として不可能であるため，基本的には間接民主制をとらざるをえない．しかし，国民主権の今日的な理解からすると，間接民主制が最適の制度というものでも決してない．したがって，日本国憲法は15条1項で「公務員を選定し，及びこれを罷免することは，国民固有の権利である」と，選挙権を保障しているが，選挙権は政治参加の権利の最低限の内容と考えるべきである．

「国民固有の権利」とされる公務員の選定罷免権であるが，それは何も，すべての公務員について，直接選定し罷免しうることを保障したものではない（最高裁大法廷判決昭和24年4月20日，民集3巻5号135頁）．すなわち，15条1項は，あらゆる公務員の任免が終局的には国民の意思にもとづくことを求める規定である．

憲法上，国民による直接選挙を定めているのは，国会議員（43条），地方公共団体の長および地方議会議員など（93条2項）で，罷免を定めているのは，最高裁判所裁判官のみである（79条3項）．内閣総理大臣（6条1項，67条），国務大臣（68条），裁判官（79条，80条）については，憲法でその選定・罷免の手続が定められているため国民による直接の選定や罷免は認められない．しかし，国会議員の罷免については争いがある．通説は，国会議員が全国民の代表であること（43条），国会議員が地位を失う場合についての明文規定があること（55条，58条2項）を根拠に，国民による罷免を認めないとする．他方，15条の「国民固有の権利」としての公務員の選定罷免権を根拠に，国民による罷免を認めるとする説も有力である．

公務就任権　みずからが公務員となって直接政策の決定や執行にたずさわる権利（公務就任権）も，政治参加の権利の1つであり，憲法上保障されたもの

と解すべきである．ただ，憲法上の根拠をどこに求めるかについては，「政治的」差別の禁止を定めた憲法14条であるとか，13条の幸福追求権にあるなどとされる．被選挙権について，最高裁は「立候補の自由は，選挙権の自由な行使と表裏の関係にあ」り，「憲法15条1項には，被選挙権者，特にその立候補の自由について，直接に規定していないが，これもまた，同条同項の保障する重要な基本的人権の1つと解すべきである」としている（最高裁大法廷判決昭和43年12月4日，刑集22巻13号1425頁）．

もっとも，公務員の職種もさまざまで，直接政策の決定・執行にたずさわるとはいえないものもあり，そのような職種に着く権利は，政治参加の権利というよりは職業選択の自由と解するべきであろう．したがって「公権力の行使又は国家意思への参画に携わる公務員となるためには日本国籍を必要とする」として，一般行政公務員への外国人の任用を一律に排除することは，職業選択の自由に反するといわざるをえない（今日，地方自治体レベルでは公務員採用に際して国籍要件を撤廃しているところも少なくない）．

ところが最高裁は，東京都に勤める韓国籍の特別永住者が，保健師の管理職選考試験の受験を拒否された事件において，「住民の権利義務を直接形成し，その範囲を確定するなどの公権力の行使に当たる行為を行い，若しくは地方公共団体の重要な施策に関する決定を行い，又はこれらに参画することを職務とする『公権力行使等地方公務員』の職務遂行は，住民の生活に直接間接に重大なかかわりを有するもので，国及び地方公共団体による統治の在り方について日本国の統治者たる国民が最終的な責任を負うとの国民主権の原理に照らすと，原則として日本国籍を有する者の就任が想定されている」と述べ，合憲とした（最高裁大法廷判決平成17年1月26日，民集59巻1号128頁）．この判決には，国民主権から公務就任要件を導く論法の問題性に加え，すべての管理職を「公権力の行使」として括っている点や，国政と地方政治も一括している点などに対して，批判は強い．

国民投票制　　直接民主制的な制度として，憲法は，最高裁判所裁判官の国民審査制（79条2項），憲法改正国民投票制（96条），地方特別法住民投票制（95条）を規定している．

国政に関する重要問題について，国民の意思を問うための国民投票制を法律

によって導入できるか否かがしばしば論じられる．憲法は41条で国会を「唯一の立法機関」としていることから，国会を拘束するような国民投票制の導入は不可能であると一般に解されている．それゆえ，「国民投票制を導入するために憲法を改正するべき」という主張も見られる．国民投票制の導入は，一見「より民主的」なように見える．しかし，投票で問われるのは，最終的な結論についての賛否であるため，結論にいたる過程での議論が軽視され，少数意見は消されてしまうことになる．加えて，マス・コミ報道のあり方や，情緒的なムードによって結論が左右されるのでは，といった問題も指摘されている．

　政治的表現の自由　　政策決定への参加として，重要な意味をもつのがさまざまな表現活動である．なぜなら自由かつ十分な議論がなされることによってこそ，少数意見も政策に反映されうるからである．また，そのような議論の前提として，十分な情報がいきわたっていることが重要である．このような観点から，表現の自由は，自由権であるとともに政治参加の権利ともいえるし，また，知る権利も政治参加に不可欠の権利といえよう．

　請願権　　請願権とは，もともとは為政者の恩恵的救済を期待するといった性格の権利であった．しかし，国民に選挙権や表現の自由が保障されていなかった時代には，請願は為政者に民情や侵害された権利救済を求める，きわめて重要な手段であった．請願権の沿革は，古く1689年のイギリス権利章典にまでさかのぼる．そこでは「国王に請願することは臣民の権利であり，このような請願をしたことを理由とする収監または訴追は，違法である」と定められている．

　日本国憲法は，16条で「何人も，損害の救済，公務員の罷免，法律，命令又は規則の制定，廃止又は改正その他の事項に関し，平穏に請願する権利を有し，何人も，かかる請願をしたためにいかなる差別待遇も受けない」と規定し，国や地方公共団体の機関に対し，それぞれの職務にかかわる事項について，苦情や希望を申し立てることのできる権利を保障している．

　そして請願の手続については，請願法で定められており，それによると，「請願は，請願者の氏名（法人の場合はその名称）及び住所（住所のない場合は居所）を記載し，文書でこれをしなければならない」（同法2条）としている．また請願法5条は「この法律に適合する請願は，官公署において，これを受理し誠実に処理しなければならない」と規定しており，このことから，請願権は，請願を

受理するという国務を請求する権利であるとされる。もっとも，請願を受理した国や地方自治体の機関は，その当否を審査し，なんらかの回答や措置をとることまでを義務づけられているわけではない。

ところで現代では，議会制が発達し，国民に選挙権や表現の自由が保障されるようになり，請願権の意義は相対的に減少している。しかし，議会制の充実の前提として，国民の権利要求の声を広く社会的に吸収しうる前提条件がなければならず，請願権は議会制の補完的機能を担っているといえる。その意味で，請願権は国民の政治参加の権利の1つといえよう。

地方自治における直接請求の制度　明治憲法が地方自治についての規定をもたなかったのに対し，日本国憲法は，8章に「地方自治」の章を設け，その一般原則として92条で「地方公共団体の組織及び運営に関する事項は，地方自治の本旨に基いて，法律でこれを定める」と規定している。

ここにいう「地方自治の本旨」とは，一般に「住民自治」と「団体自治」からなる，と説明される。「住民自治」とは，地域のことはその地域の住民が自ら決定するという，民主主義的要素であり，「団体自治」とは，地方自治は国から独立した団体によって行われなければならないという，自由主義的・分権的要素である。

民主主義という観点からすると，国よりも規模の小さい地方公共団体の方が，住民の政治参加や「民意に基づく政治」を実現しやすいといえる。「地方自治は民主主義の学校である」（ブライス）と言われるのも，このためである。また，国政においては実際上困難な直接民主制も，地方においては，可能という場合もある。したがって地方自治法は，条例の制定・改廃請求（同法74条），監査請求（同法75条），議会解散請求（同法76条〜79条），議員・長の解職請求（リコール，80条〜88条）について，直接請求の諸制度を設けている。そのうち，解散請求と解職請求については住民投票を認めている。

ところで近年，原子力発電所や産業廃棄物処理施設の建設，米軍基地の整理縮小など，地域に密接にかかわる重要問題について，直接住民に賛否を問う住民投票がしばしば行われている。このような住民投票は，それについて定めた法律がないため，住民投票条例の制定を求める直接請求（地方自治法74条）を通じて行われることになる。また，住民投票が行われたとしても，その結果は法

的拘束力をもたないため，住民投票で示された住民意思が必ずしも実現するというわけではない．しかし，このような動きは，地域の重要問題について，住民が主体的に関心をもって学習や議論を行う契機となるため，「住民自治」の観点からすると，積極的に評価できよう．もっとも，住民の主体性が欠如したところで，単に賛否だけを問うという住民投票であれば，権力側を正当化するだけの機能しかはたさず，マイナス効果をもたらすものといえよう．

(2) 選挙権と選挙の原則

選挙権の法的性格　政治参加において選挙が最も基本であり，また，選挙権が政治参加の権利の最低限の内容であることは，先に述べた．ところで，この選挙権を，表現の自由などと同じ基本的人権とみなしてよいか，となると争いがある．現在の日本では，2015年の公職選挙法の改正以降，選挙権は18歳以上に認められるようになったが，それ未満の者には選挙権の享有それ自体が否定されている．人権を人たる者が生まれながらにして当然に有するもの，自然権として解するならば，選挙権は人権とはいえないことになるだろう．

　明治憲法下において選挙は，選挙人が国家機関である選挙人団の一員として，議員の選定という公務に参加することと考えられ，選挙権を権利ではなく公務である，と解する立場が有力であった（公務説）．

　ところが，公務員の選定罷免権を「国民固有の権利」として保障し，普通選挙制度を確立している日本国憲法の下では，選挙権はまぎれもなく権利である．そこで，今日の通説は，選挙権に権利と公務という二重の性格づけを与え（二元説），選挙権は，公務員という国家の機関を選定する権利であり，純粋な個人権とは違った側面をもっている，というのである．公職選挙法11条によると，禁治（成年被後見）産者，受刑者（執行猶予中の者を除く），選挙犯罪による処刑者などは「選挙権及び被選挙権を有しない」としているが，これらは，二元説の公務としての特殊な性格にもとづく必要最小限の制限と解されている．

　しかし近年，選挙権の公務性を認めることが，立法裁量による選挙権の広範な制約を許すことにつながるとして，選挙権をもっぱら権利としてとらえるべきとする見解（権利一元説）も有力に主張されている．権利一元説は，国民主権についてのプープル主権の立場から，選挙権の射程を広げ，投票価値の平等，

棄権の自由，選挙運動の自由をも要請する．

選挙における投票権と在宅投票制度 選挙権とは，一般には選挙人の資格を有する権利と考えられるが，選挙人の資格を持っていても，実際に投票することができなければ意味がない．そこで，選挙権は選挙における投票権までも含むものとされなければならない．この点で問題となったのが，身障者の在宅投票制度についてである．

1950年の公職選挙法の制定時には，病気・障害等のために「歩行が著しく困難」な人が郵送または同居の親族による提出という方法での投票，いわゆる在宅投票制度が定められていた．しかし，それが濫用され選挙において不正が行われたとの理由で廃止されたため，在宅投票制度を再度設けないという立法不作為に対して国家賠償請求訴訟が提起された．最高裁は，国会議員の立法行為は原則として国家賠償法上の違法評価を受けない，としたうえで「47条は『選挙区，投票の方法その他両議院の議員の選挙に関する事項は，法律でこれを定める』と規定して」おり，これは選挙に関する具体的な事項は立法裁量にゆだねる趣旨であるとして，在宅投票制の廃止ないしはそれを復活しない立法不作為の違憲の主張を否定した（昭和60年11月21日，民集39巻7号1512頁）．この訴訟を受けて，1974年に重度身障者等の在宅投票制度が復活したが，これは投票所まで行くことのできないすべての人を対象としたものではないため，その不十分性が指摘されている．

その後最高裁は，精神的理由で投票所に行くことが困難な有権者による国家賠償訴訟において，選挙権が実質的保障まで含むことを認めている（平成18年7月13日，判時1946号41頁）．

在外邦人の選挙権 近年，国際化の進展や企業の海外派遣により，海外に住む日本人有権者の数が飛躍的に増大し，今日では70万人を超えるといわれている．そのようななか1998年，公職選挙法の改正により在外選挙制度が創設されるが，それは当分の間，比例代表選出議員の投票に限定されるというものであった．

そこで，在外邦人の選挙区制を含めた選挙権を求めて訴訟が提起された．最高裁は2005年9月，「国民の選挙権又はその行使を制限することは原則として許されず，……制限することがやむを得ないと認められる事由がなければなら

ない」「そのような制限をすることなしには選挙の公正を確保しつつ選挙権の行使を認めることが事実上不可能ないし著しく困難であると認められる場合でない限り，上記のやむを得ない事由があるとはいえ」ないとしたうえで，通信手段の地球規模での発達により候補者個人の情報伝達が可能になったこと等をあげ，「遅くとも，本判決言渡し後に初めて行われる〔国政〕選挙の時点においては，衆議院小選挙区議員の選挙及び参議院選挙区選出議員の選挙について在外国民に投票することを認めないことについて，やむを得ない事由があるということはできず，……在外選挙制度の対象となる選挙を当分の間両議院の比例代表選出議員の選挙に限定する部分は，憲法15条1項及び3項，43条1項並びに44条ただし書に違反する」と判示した．

またこの判決では，違憲判断を下す前提として，公法上の法律関係に関する確認請求を適法と認めている．さらに立法不作為の国家賠償についても，「立法の内容又は立法不作為が国民に憲法上保障されている権利を違法に侵害するものであることが明白な場合や，国民に憲法上保障されている権利行使の機会を確保するために所要の立法措置を執ることが必要不可欠であり，それが明白であるにもかかわらず，国会が正当な理由なく長期にわたってこれを怠る場合などには，例外的に，国会議員の<u>立法行為又は立法不作為</u>は，国家賠償法1条1項の規定の適用上，違法の評価をうける」と，違法性の判断基準を従来に比べて緩和したといえる（最高裁大法廷判決平成17年9月14日，民集59巻7号2087頁）．

選挙の原則　近代選挙の原則として，普通選挙，平等選挙，自由選挙，秘密選挙，直接選挙の5つがあげられるのが一般的である．

普通選挙とは，かつては，財産や納税額といった財力を選挙権の要件としない選挙を意味していた．それに対し，財力を要件とする選挙が制限選挙と呼ばれていた．日本では，1925年に普通選挙制が実現したとされるが，それは，25歳以上の男子に選挙権を認めるにとどまっていた．今日において，普通選挙は，財力による制限だけでなく，人種，信条，性別，教育などによる制限を設けない選挙を意味する．この意味での普通選挙制は，日本では1945年に，20歳以上の国民すべてに選挙権が認められたことによって実現した．日本国憲法は，15条3項で「成年者による普通選挙を保障する」と定めたうえで，44条で「両議院の議員及びその選挙人の資格は，法律でこれを定める．但し，人種，信条，

性別，社会的身分，門地，教育，財産又は収入によつて差別してはならない」と規定している．

　平等選挙とは，1人1票の原則にもとづく選挙のことである．すなわち，一部の者に複数の投票権を認める複数選挙や，選挙人を特定の等級に分けて等級ごとに同数の議員を選ぶ等級選挙は，この平等原則に反する．さらに今日では，各選挙人の投票の価値的平等まで要請するものと解されている．それゆえ，議員数が選挙人の人口に比例していない場合，すなわち，議員定数の不均衡が問題となるが，これについては後述する．なお，平等選挙の根拠は，一般に，憲法14条1項，15条3項，44条に求められる．

　自由選挙とは，棄権しても罰金などの制裁を受けない原則で，憲法上の明文規定はない．選挙の公務的性格から，制裁をもって投票を強制する強制投票制も認められるとする見解もあるが，一般に，棄権率の低下には政治教育などで対応するべきだ，とされる．選挙権の性格について権利一元説にたつと，強制投票制を認める余地はない．

　秘密選挙とは，誰に投票したかを秘密にする原則で，社会的弱者の自由な投票を確保することを主たる目的とする．憲法は，15条4項前段で「投票の秘密」を保障したうえで「選挙人は，その選択に関して公的にも私的にも責任を問われない」と規定している．また，具体的には公職選挙法で，無記名投票（46条4項），投票用紙の交付（45条），投票の秘密保持（52条），投票の秘密侵害罪（227条），投票干渉罪（228条）を規定している．最高裁は，本来選挙権のない者が投票したとか，詐欺投票などが行われたという場合であっても，投票用紙を調べることは許されないとする（昭和23年6月1日，民集2巻7号125頁）．

　直接選挙とは，選挙人が公務員を直接に選挙する制度をいう．これに対し，アメリカの大統領選挙でとられているような，選挙人がまず選挙委員を選び，その選挙委員が公務員を選挙する制度を間接選挙という．憲法93条2項は，地方公共団体の長，その議員などについて直接選挙によるべきことを定めている．他方，国会議員についての憲法上の明文規定はないが，一般には直接選挙を前提としていると解されている．

（3） 選挙にかかわる諸問題

議員定数不均衡問題　先に述べたように，平等選挙の原則は，投票価値の平等まで要請するものと考えられるため，各選挙区における人口数と選挙される議員数との比率の格差，いわゆる議員定数の不均衡が大きな問題となる．かつて最高裁は，参議院における議員定数の不均衡が問題となった事件で，議員定数を人口数に比例して配分することは「望ましいところである」としつつも，原則として，各選挙区あたりの議員数の配分は立法政策の問題であり，「議員数の配分が選挙人の人口に比例していないという一事だけで，憲法14条1項に反し無効であると断ずることはできない」と判示した（最高裁大法廷判決昭和39年2月5日，民集18巻2号270頁）．

ところが1976年，衆議院での格差，約1対5が争われた事件において，最高裁は，投票価値の平等を憲法上の要請と認めた．そして，人口の変動の状態を考慮して合理的期間内における是正が憲法上要求されていると考えられるのにそれが行われない場合には，違憲になるとして，違憲の判断を下した（最高裁大法廷判決昭和51年4月14日，民集30巻3号223頁）．もっとも，選挙の効力については，これを無効にすることによって生じる不当な結果を回避するために，行政事件訴訟法31条の定める事情判決（処分は違法であっても，それを取り消すことが公共の福祉に適合しないと認められるとき，違法を宣言して請求を棄却する．公選法219条は準用を認めていない）の法理を援用して，有効とした．この判決に対しては，国会の怠慢を直接規律することができない，といった異論もあるが，学界では一般に画期的な判決と評価されている．

そして，その後も，衆議院の定数不均衡について，最高裁は1983年に，約1対3.9の格差を「違憲状態」にあるとした．ただし，1975年の1対2.92に定数是正をおこなった法改正から選挙当時（1980年）は，定数不均衡を解消するために認められる合理的期間内であったとして合憲と判示している（最高裁大法廷判決昭和58年11月7日，民集37巻9号1243頁）．また，最高裁は1985年に1対4.4の格差を違憲，ただし選挙そのものは有効（最高裁大法廷判決昭和60年7月17日，民集39巻5号1100頁），1988年に約1対2.9を合憲（昭和63年10月21日，民集42巻8号644頁），1993年に約1対3.2を不平等状態にあるが合理的期間内にあるとして合憲の判決を下している（最高裁大法廷判決平成5年1月20日，民集47巻1号67頁）．

これらの判例から，最高裁は明言してはいないものの，衆議院については，おおむね3倍を超える格差がある場合には，違憲状態にあると判断しているようである．これに対し，学説は，投票価値に2倍以上の開きが生じることは1人1票の原則に反するとして，2倍を超える格差がある場合には原則として違憲になる，との見解が一般的である．しかし，投票価値の格差が生じれば，たとえ2倍以内であっても，原則として憲法違反の問題が生じるとする見解もある．

　ところで，1994年に小選挙区比例代表並立制が導入され，小選挙区部分について，立法府がまずそれぞれの都道府県に1議席を配分し（1人別枠方式），残りを「人口に比例して」配当するという基準を定めた．その結果，人口の少ない都道府県に議席が優遇して配分されることになり，1996年の選挙では，約1対2.3の格差が生じた．最高裁は「相対的に人口の少ない県に定数を多めに配分し，人口の少ない県に居住する国民の意見をも十分に国政に反映させることができるようにすること」を憲法適合的な立法目的だとして合憲判決を下した（最高裁大法廷判決平成11年11月10日，判時1696号47頁）．最高裁のこのような理解は，衆議院の選挙制度では人口比例原則を尊重してきた従来の判例との整合性を欠き，学説から批判は多い．

　以来，2000年総選挙の1対2.47，2003年の1対2.06，2005年の1対2.17に対し，最高裁は合憲の判断を示してきた．ところが2011年，最高裁は，2009年総選挙の1対2.3の格差を「違憲状態」であるとし，できるだけ速やかに1人別枠方式を廃止し，投票価値の平等の要請にかなう立法措置を講ずる必要がある，と述べた（最高裁大法廷判決平成23年3月23日）．これを受けて国会は，2012年，1人別枠方式を廃止するとともに選挙区数の「0増5減」を内容とする法改正を行った．しかしこの選挙区割りと定数配分の改正がなされる前に解散総選挙がなされたため，選挙は従来の区割りのまま行われ，格差は1対2.42となった．この2012年に対し，最高裁はいまだ合理的期間を徒過していないとして「違憲状態」とした（最大判平成25年11月20日，民集67巻8号1503頁）．その後「0増5減」がなされた2014年12月の総選挙では，最大格差が1対2.13であったが，最高裁は「違憲状態」としている（最大判平成27年11月25日民集69巻7号2035頁）．

　他方，参議院についてであるが，最高裁は，約1対5.3の格差に対して，参議院の（旧）地方区選出議員には地域代表的性格があり，その選挙制度につい

て，都道府県代表的な要素を加味することができ，参議院については「投票価値の平等の要求は，人口比例主義を基本とする選挙制度の場合と比較して一定の譲歩，後退を免れないと解せざるをえない」として合憲の判決を下している（最高裁大法廷判決昭和58年4月27日，民集37巻3号345頁）。たしかに，参議院は半数交代制（憲法46条）をとる以上，定数偶数配分とならざるをえず，選挙区に分けるには人口比率を厳格に要求することはできない。しかし，参議院も「全国民の代表」（憲法43条）であることにかわりはないことを確認すべきであろう。

　その後，約1対6.6の格差については，最高裁も違憲状態を認めた（最高裁大法廷判決平成8年9月11日，民集50巻8号2283頁。ただし合理的期間論により合憲）。しかし，5倍弱の格差について，最高裁は1998年（最高裁大法廷判決平成10年9月2日，民集52巻6号1373頁），2000年（最高裁大法廷判決平成12年9月6日，判時1728号3頁）に，合憲判決を下している。

　2004年も最高裁は，1対5.06の格差について，「憲法が選挙制度の具体的な仕組みの決定につき国会にゆだねた立法裁量権の限界を超えるものではな」いと合憲と判示した。しかし，格差が1対2を超えることは正当化できないと，6裁判官が反対意見を述べているし，4裁判官は，要考慮事項の中でも，憲法上直接の保障がある投票価値の平等こそが重視されなければならない，と補足意見を述べている（最高裁大法廷判決平成16年1月14日，民集58巻1号56頁）。またこの判決は，公選法が参議院議員選挙につき採用している非拘束名簿式比例代表制も合憲とした。

　2004年最高裁判決の約半年後の2004年7月の参議院選挙は，制度改正がなされることなく行われ1対5.13の格差が開いたが，最高裁は，判決から選挙まで6カ月しかなく，その間に改正がなしえなかったとしても立法裁量の逸脱とは言えないとした（最高裁大法廷判決平成18年10月4日，民集60巻8号2696頁）。2006年に定数是正がなされた後の2007年選挙では最大格差が1対4.86であったが，最高裁はそれを合憲とした（最高裁大法廷判決平成21年9月30日，民集63巻7号1520頁）。しかし最高裁はその後，2010年の通常選挙での格差1対5につき，「違憲状態」としたうえで，都道府県を「参議院議員の選挙区の単位としなければならないという憲法上の要請はなく」，その配分の仕組み自体を見直すことが必要になる，と述べた（最大判平成24年10月17日，民集66巻10号3357頁）。このように最高裁

は，従来の立場を変更し，参議院についても投票価値の平等を重視するようになったといえよう．国会は2015年「1票の格差」を縮めるため，隣り合う選挙区を統合する「合区」を盛り込むよう公職選挙法を改正した．その結果，高知県と徳島県，島根県と鳥取県にて「合区」がなされたが，批判も出されている．

小選挙区制と比例代表制　リクルート事件などの汚職・腐敗事件を契機に「政治改革」が進められ，1994年に衆議院に小選挙区比例代表並立制が導入される．当初は500人の衆議院議員定数中，小選挙区で300人，比例代表選出が200人であったが，2000年の公職選挙法改正により定数が480人となり，比例代表選出議員は180人に削減されている．その比例代表も，11ブロックに分割されており（四国の定数は6，北海道は8），比例機代表能を果たせていないとの指摘もある．なお，2014年の改正で定数475人（小選挙区選出295人，比例代表選出180人）に削減された．

選挙区から1人の議員を選出するのが小選挙区制である．この制度の長所として，選挙人が候補者の人物なり識見を知りやすい，小党乱立が生じにくく政局が安定するなどといわれる反面，死票が多く小政党に不利，大政党の得票数が議席数に過大に反映される，選挙人の選択の範囲が狭い，議員が地域的な狭い利益の代弁者になりやすい，などが指摘されている．それに対し，選挙における各政党の得票数と，その選挙で各政党が獲得する議席数とを比例させようというのが比例代表制である．死票を少なくし，少数派にも合理的な代表を得させる「民意の反映」に適した制度といえる．だがこの制度では，小党分立となり政局が不安定になりやすい，とくに名簿式の場合，選挙人と議員の間に政党が介在して中心的な役割を担うため選挙の直接性を阻害する，といった問題点が指摘されている．

今日の日本では，小選挙区比例代表並立制のもとで議席配分として示される民意と，個々の争点につき世論調査等で示される民意との間に「開き」があることが問題とされている．

選挙運動の規制　日本の選挙法（公職選挙法）は，「選挙が選挙人の自由に表明せる意思によつて公明且つ適正に行われることを確保し，もつて民主政治の健全な発達を期することを目的」（公選法1条）に，選挙運動について，きわめて多岐にわたる規制を設けている．たとえば，①時について，選挙運動期間

は「候補者の届出のあつた日から当該選挙の期日の前日まで」で，事前運動の禁止（同法129条），② 主体について，選挙事務関係者や特定公務員，未成年者その他の選挙運動の禁止（同法135条〜137条），③ 方法などについて，戸別訪問や署名運動の禁止（同法138条），文書図画の制限（同法142〜147条）などが定められており，なかには選挙カーに乗り込む人数の制限（同法141条の2）といった細かいものもある．このような規制の多さ・細かさは，民主主義諸国では例がない，といわれている．

　そもそも表現の自由一般が，民主主義の前提基盤であり，民主政にとって必要不可欠のものとされるが，なかでも国民主権原理の重要な具体化といえる選挙において，表現活動の重要性は一層強調されるべきである．投票に際して有権者は，必要かつ十分な判断資料に接する必要があるというだけでなく，選挙は，有権者自身が政治について考え，議論する契機となるべきである．ところが最高裁は，このような規制を一貫して合憲だと判示している．

　なかでも，とくに争われてきたのが，戸別訪問の禁止をめぐってである．戸別訪問の禁止は，1925年の普通選挙法以来の，日本独特の規制であるといわれるが，最高裁は，表現の自由も「公共の福祉のためにその時，所，方法等につき合理的制限のおのずから存する」ものであるとの理解のもと，「戸別訪問には種々の弊害を伴う」とのみ述べて合憲とした（最高裁大法廷判決昭和25年9月27日，刑集4巻9号1799頁）．以来，最高裁は「弊害」論を根拠に合憲としつづけるが，この「弊害」とは具体的には，① 買収や利害誘導の温床になる，② 有権者の迷惑になる，③ 投票が情実に支配される，④ 多額の経費がかかる，といったものである．

　その後，下級審の判決で「明白かつ現在の危険」の法理を用いて無罪としたり（東京地裁判決昭和42年3月27日，判時493号72頁），「弊害」論を厳密に検討して違憲判決を下すものもでてきた（広島高裁松江支部判決昭和55年4月28日，判時964号134頁）．このような状況のなか，最高裁も「弊害」論に修正を加えるようになる．

　1981年，最高裁は，規制立法を「意見表明そのものの制約」を目的とするもの（直接規制）と，「意見表明の手段方法の制約」を目的とするもの（間接規制）とに区別し，前者については厳格な審査基準が，後者についてはより緩い審査基準が妥当するとの前提にたって，戸別訪問の禁止は1つの意見表明の「手段

方法に伴う限度での間接的,付随的な制約にすぎない反面,禁止により得られる利益は,失われる利益に比してはるかに大きい」とし,かつ,「戸別訪問を一律に禁止するかどうかは,専ら選挙の自由と公正を確保する見地からする立法政策の問題である」と述べて合憲判決を下している（昭和56年7月21日,刑集35巻5号568頁）．また,同年の別の判決に,選挙運動は「あらゆる言論が必要最小限度の制約のもとに自由に競いあう場ではなく,各候補者は選挙の公正を確保するために定められたルールに従って運動するものと考えるべき」であり,そのルールをどう決めるかは憲法47条によって国会の裁量にゆだねられているとして,選挙運動の規制を合憲とする補足意見もある．

これらの最高裁判決に対しては,戸別訪問の規制は政治的表現ゆえに規制されるのだから,直接規制と解すべきであり,したがって厳格な基準を適用するべきだとか,立法目的だけでなく目的達成の手段をも立法事実の検証を通じて審査するべきだ,といった有力な批判がある．また補足意見に対して,選挙運動の主体は候補者や運動員ではなく,1人ひとりの国民であるとの観点が欠如している,という批判がだされている．

戸別訪問は,演説のように候補者等が一方的に訴える,というものとは違い,有権者が直接候補者や運動員と議論する機会をつくりだす．選挙における投票結果だけを重視するのではなく,選挙をきっかけとした,一連の国民の政治へのかかわりを重視するならば,戸別訪問の禁止をはじめとする選挙運動規制は,根本から再考されなければならない．

3　国民の政治参加と統治機構

日本国憲法前文は冒頭で「日本国民は,正当に選挙された国会における代表者を通じて行動し」と述べているように,国民の政治参加はまずもって国会を通じて行われる．

国権の最高機関　憲法41条は,「国会は国権の最高機関」であると定める．この意味について学説上争いがある．国会が明治憲法下の天皇のような「統治権の総攬者」でないことを前提としたうえで,国会は多数の国家機関によって行われる国権の発動を「統括する」任務を有すると解する,いわゆる統括機関

説が1つである．他方，国会が主権者である国民に最も近いところにあるため，最高・最大の権威づけをしているにすぎないとする，政治的美称説がある．

　日本国憲法が権力分立制を採用していることから，法的な意味において，国会の権限行使が行政権や司法権に対してすべて最高と解することはできない．したがって，政治的美称説が妥当であろう．もっとも，統括機関説であっても，国会は，階層的な統治組織上の上位にあって他の機関に指令・命令をするというのではなく，並列機関にある国家諸機関のうち一段高い地位にあって，国政全般の動きに絶えず注意しつつその円滑な運営をはかる立場にある，とする見解もある．

　国民の代表機関　　憲法43条は，「両議院は，全国民を代表する選挙された議員でこれを組織する」と規定している．ここでいう「全国民の代表」をどう理解するかは，先に述べた主権原理ともかかわる問題である．

　代表とは，歴史的には中世の身分制議会に逆上る．中世の身分制議会において，議員は特定の地域や身分などそれぞれの選出母体の代表で，議員は選出母体の選挙人の意思を忠実に議会に反映させることが求められていた．したがって，議員が選挙人の意思に反する行動をするならば，リコールなどの形で責任を問われることになる．いわゆる命令的委任という考え方である．

　ところが，近代の国民代表議会になると，議員は選出母体の代表ではなく，国民全体の代表として，全国民のために議会で自由に活動することが求められるようになり，当然，選出母体に拘束されることはなくなる（自由委任）．このような代表理解が，ナシオン主権に対応した純粋代表である．

　さらに今日においては，ナシオン主権からプープル主権という歴史発展を前提に，実際に存在する国民意思ができるだけ正確に議会に反映されるよう求められることになる．しかし，憲法43条が「『全国民の』代表」としていることから，議員を単に選出母体の利益の代弁者と解することはできない．それゆえ，憲法43条には，部分代表の否定や命令的委任の禁止といった「禁止的規範意味」と，全国民の意思を適切に反映すべきとする「積極的規範意味」とがあるとか，「議員は，自分の選出母体の利害を代表すると同時に，しかし，それに拘束されるのではなく，国民全体の立場から行動することが求められている」といった解釈がなされている．いずれにしろ，議員が地元の利益誘導に奔走する，い

わゆる利益誘導政治は，憲法43条とは相いれない，というべきである．

議院内閣制　立法府である国会に対しては，選挙を通じて国民の意思は反映される．では，行政機関である内閣に対してはどうであろうか．

日本国憲法は，内閣の国会に対する連帯責任 (66条3項)，内閣不信任決議権 (69条)，国会による内閣総理大臣の指名 (67条)，内閣総理大臣および他の国務大臣の過半数が国会議員であること (67条・68条) などを規定していることから，議院内閣制を採用しているといえる．

一般に，議院内閣制は大統領制と対比される制度で，両者の違いは次のように説明される．まず大統領制であるが，たとえばアメリカでは，行政府の長である大統領は，立法府の議員の選挙とは別に国民によって選ばれる．大統領には議会への法案提出権はなく，議会が可決した法案への拒否権をもつだけで，議会の解散権ももたない．他方，議会も大統領を指名できず，また，弾劾手続以外で罷免することもできない．このように大統領制は，立法府と行政府の相互の独立性が強い．

それに対して，内閣の形成と存立が議会の意思に依存しているのが議院内閣制で，この制度のもとでは，議会は内閣を信任したり不信任したりできるのに対し，内閣は議会を解散させ，法案や予算案を提出することができる．行政府と立法府との間に連携と緊張の関係が存在するのである．

第8章　司法制度と裁判を受ける権利

1　憲法と司法制度

（1）裁判所と裁判官

裁判所　憲法76条1項は，司法権を行使する裁判所として，最高裁と法律で設置する下級裁判所を規定している．それを受けて，裁判所法2条1項は，「下級裁判所は，高等裁判所，地方裁判所，家庭裁判所及び簡易裁判所とする」と規定している．

なお，憲法は，最高裁の系列に属さない，特別な事項のみを扱う特別裁判所（たとえば，戦前の行政裁判所や軍法会議）の設置を禁止している（76条1項，2項）．最高裁の系列に属する家庭裁判所及び東京高裁の特別支部である知的財産高等裁判所（知財高裁）は，憲法が禁止する「特別裁判所」ではない．

裁判官　最高裁は，内閣の指名に基いて，天皇が任命する最高裁判所長官（6条2項）と内閣が任命する最高裁判所判事（79条1項）からなる．裁判所法5条3項は，最高裁判所判事の定数を14名と定めている．最高裁での審理と裁判は，15人の裁判官全員で構成される大法廷または各5人の裁判官から構成される小法廷（裁判所法9条2項，最高裁判所裁判事務処理規則2条）で行われる（裁判所法9条1項）．

下級裁判所の裁判官は，最高裁が指名した者の名簿により，内閣によって任命され，任期は10年とされている（再任は可能）（80条1項）．下級裁判所の裁判官の再任については，再任するかどうかは最高裁の裁量にゆだねられるとする説や再任が原則であるとする説などがある．

なお，裁判所規則では，最高裁は，下級裁判所裁判官の指名に際して，原則として，個々の任官希望者の指名の適否を法曹及び学識経験者からなる下級裁

判所裁判官指名諮問委員会に諮問しなければならない（下級裁判所裁判官指名諮問委員会規則3条1項）。もっとも、同委員会の意見には、法的拘束力はない。

司法権の独立　裁判が公正に行われるためには、裁判所と裁判官の独立性が確保される必要がある。裁判官の職権の独立について、憲法76条3項は、「すべて裁判官は、その良心に従ひ独立してその職権を行ひ、この憲法及び法律にのみ拘束される」と規定している。

一般に、同条のいう「良心」とは、裁判官の主観的良心（個人的な信念や人生観など）ではなく、裁判官の職業倫理、すなわち、「裁判官としての良心」を意味していると解されている。

憲法は、裁判官の地位を強化するために、78条において、「裁判官は、裁判により、心身の故障のために職務を執ることができないと決定された場合を除いては、公の弾劾によらなければ罷免されない。裁判官の懲戒処分は、行政機関がこれを行ふことはできない」として、裁判官の身分保障をはかっている。

裁判官を心身の故障を理由に罷免する裁判に関しては、裁判官分限法が定めている。また、弾劾裁判の手続については、国会法や裁判官弾劾法が定めている。

さらに、憲法は、最高裁及び下級裁判所の裁判官が、定期的に相当な額の報酬を受けること、在任中は報酬を減額されないことを保障している（79条6項、80条2項）。

最高裁の裁判官については、特に国民審査の制度が設けられている（79条2項）。同条によれば、「最高裁判所の裁判官の任命は、その任命後初めて行はれる衆議院議員総選挙の際国民の審査に付し、その後十年を経過した後初めて行はれる衆議院議員総選挙の際更に審査に付し、その後も同様とする」とされている。この制度は、終審としての違憲審査権（81条）や裁判所規則制定権（77条1項）、下級裁判所の裁判官の指名権（80条1項）など大きな権限をもつ最高裁に、民主的コントロールを及ぼすためのものである。

（2）司法権

司法権　憲法によって裁判所に与えられた権限の中心となるのは司法権である。この「司法」という概念は、一般に、「具体的な争訟について、法を適用し、宣言することによって、これを裁定する国家の作用」と定義されている。

司法という国家作用を担当する権限が，司法権である．憲法上，司法権は，裁判所（最高裁と下級裁判所）のみが行使できる（76条1項）．

先の司法権の定義については，司法権が「具体的な争訟」を裁定する権限であるという点が重要である．つまり，裁判所が司法権を行使できるは，具体的な争訟が存在する場合に限られる．具体的な争訟の存在が，司法権の行使の要件（事件・争訟性の要件）となるとするのが，一般的な理解である．

裁判所法3条は，裁判所は，「法律上の争訟」について裁判を行うと規定しているが，ここでいう「法律上の争訟」は，具体的事件・争訟を意味していると解されている．法律上の争訟とは，具体的な権利・義務または法律関係の存否もしくは刑罰権の存否に関する争いのうち，法を適用して終局的な解決をはかれるものをいう．

なお，憲法は裁判所に違憲審査権を与えているが（81条），この点については後に述べる（第10章2）．

司法権の範囲　司法権については，それが及ぶ範囲が問題となる．明治憲法下では，司法裁判所の権限は，民事事件と刑事事件にのみ及ぶものとされ，行政事件には及ばないものとされていた(明治憲法61条)．行政事件については，東京にただ一カ所設けられていた，行政部門に属する行政裁判所の管轄とされていたのである．

日本国憲法には，司法権が行政事件にも及ぶか否かに関する明確な規定はない．しかし，憲法81条が，行政機関の行為である「処分」についても違憲審査を認めていること，憲法76条2項が，行政機関による終審裁判の禁止を定めていることなどから，日本国憲法は，最高裁と下級裁判所に行政裁判権をも与えていると解するのが通説である．したがって，日本国憲法の制定によって，裁判所は，行政部門の行為の合憲性・合法性のチェックという大きな役割を与えられたことになる．

司法権の限界　もっとも，裁判所に与えられている司法権にも限界はある．司法権の限界について，裁判所法3条は，「日本国憲法に特別の定のある場合」には，司法権が及ばないと規定している．

まず，憲法55条は，国会議員の資格争訟についての裁判は，各議院が行うとしている．その場合，出席議員の3分の2以上の多数の議決によって，当該議

員は，議員資格を失うことになる (55条但書)．また，裁判官の弾劾裁判については，国会議員からなる弾劾裁判所が裁判を行う (64条)．なお，恩赦を決定する権限が司法権に含まれるとすれば，恩赦の決定を内閣にゆだねる憲法73条7号も司法権の限界を定めたものとされることになる．

また，憲法が明文で認めているわけではないが，憲法解釈上，司法権が及ばないとされている場合がある．たとえば，議事手続や議員の懲罰など議院の自律権に関わる事柄である．また，部分社会の法理に関わる事案や統治行為などについても，憲法解釈上司法権が及ばないと考えるべきか否かが議論されている．そのうち，統治行為については，違憲審査の対象との関係で後述する．

部分社会の法理は，大学など独自の自律的な法規範を有する部分社会の内部における争訟は，部分社会内部での自主的，自律的な解決にゆだねるべきで，原則として，司法審査の対象にはならないという法理である．

最高裁昭和52年3月15日第3小法廷判決 (民集31巻2号234頁) は，国公立，私立を問わず，大学は，自律的法規範を有する部分社会を形成しており，大学における単位認定は，原則的には，大学の自主的，自律的な判断にゆだねられるとしている．

もっとも，判例における部分社会の法理については，大学，宗教団体，議会など性質の異なるものを一括して「部分社会」ととらえるのは，適切でないとする批判も有力である．

2　司法制度と国民の権利

(1)　裁判を受ける権利
裁判を受ける権利の意義
(a)　裁判を受ける権利の歴史　　日本国憲法32条は，「何人も，裁判所において裁判を受ける権利を奪はれない」と規定している．この憲法32条は，日本国憲法の総司令部案 (いわゆる，マッカーサー草案) に由来する規定である．

しかし，裁判を受ける権利は，日本国憲法によって初めて認められた権利ではない．明治憲法24条も「日本臣民ハ法律ニ定メタル裁判官ノ裁判ヲ受クルノ権ヲ奪ハル丶コトナシ」と規定していた．

この明治憲法の規定は，「法律上の裁判官」の保障を定めたものである．「法律上の裁判官」の保障は，1791年のフランス憲法以来，ヨーロッパ諸国で伝統的に認められてきた憲法上の原則である．
　もっとも，日本国憲法32条は，明治憲法24条をそのまま受け継いだだけの規定ではない．憲法32条は，より包括的な形で，裁判に関する国民の権利を保障していると解されているのである．
　それゆえ，裁判を受ける権利の内容を考察する場合には，ヨーロッパ大陸法的な「法律上の裁判官」の保障に加えて，英米法のデュー・プロセスの観念も，考慮に入れる必要がある．
　また，日本国憲法は，主として31条以下の諸規定において，さまざまな手続的権利を保障している．これらの規定との関連も，憲法32条の理解にとって重要である．
　（b）　裁判を受ける権利の機能　　日本国憲法の下では，裁判所は，違憲審査権（81条）と行政裁判権（76条1項）という大きな権限を新たに与えられた．これにより，裁判所は，訴訟において，法令の合憲性や行政処分の適法性について，判断を下すことになった．
　こうした制度の下では，裁判を受ける権利の保障を通じて，権利侵害に際して裁判所による救済を受けることが，憲法上保障されることになる．その意味で，裁判を受ける権利は，しばしば「基本権を確保するための基本権」とよばれる．この言葉は，国民の人権やその他の権利の実質的な保障にとって，裁判を受ける機会を確保することが極めて重要であることを示しているのである．

裁判を受ける権利の内容

　（a）　「裁判所における」裁判の保障　　憲法32条は，「裁判所において」裁判を受ける権利を保障している．憲法32条のいう「裁判所」が，憲法76条1項の定める最高裁判所と下級裁判所を意味していることは当然である．
　問題は，憲法32条が，具体的な事件について，法律上管轄権をもつ特定の裁判所の裁判を受ける権利を保障しているか否かである．具体的なケースとして，最高裁を上告審とする手続で扱われるべき事件が，裁判所法に反して，誤って高裁を上告審とする手続で扱われたという事件がある．被告人は，このミスによって，第2審としての高裁による裁判を受けられず，裁判を受ける権利を

侵害されたと主張したのである.

　この事件で，最高裁は，昭和24年3月23日大法廷判決（刑集3巻3号352頁）において，憲法32条は「憲法又は法律に定められた裁判所」による裁判を保障した規定であり，「訴訟法で定める管轄権を有する具体的裁判所において裁判を受ける権利を保障したものではない」という判断を下した.

　これまで，多くの学説は，この最高裁の見解を支持してきた（消極説）. 消極説は，裁判所の管轄の決定は法律事項であり，憲法32条は「ある具体的な裁判所をその管轄裁判所として保障しているわけではない」とする.

　しかし，現在では，憲法32条は，法律が定める具体的な管轄裁判所の裁判を受ける権利を保障しているとする積極説も有力である. 積極説は，憲法76条1項が司法権を与えているのは，最高裁と下級裁判所だけであるから，憲法32条にいう「裁判所」が，「憲法又は法律に定められた裁判所」を意味するのは，憲法76条1項からして当然であると考える. したがって，消極説の立場に立った場合，憲法32条が存在する意味が問われることになる. また，積極説の中には，「法律上の裁判官」の保障に由来するという，裁判を受ける権利の沿革を根拠とするものもある.

　他にも，単なるミスによって管轄裁判所以外の裁判所が裁判を行った場合には，憲法32条違反にならないが，管轄の間違いが恣意にもとづく場合には違憲となるとする有力な見解がある.

　ところで，裁判所法3条3項は，「この法律の規定は，刑事について，別に法律で陪審の制度を設けることを妨げない」と規定している. 陪審制度については，それが「裁判所において」裁判を受ける権利を侵害しないかが問題となる.

　この点については，憲法32条が保障しているのは，「裁判官」の裁判ではなく，「裁判所」の裁判であることを根拠に，陪審裁判を認める見解がある. しかし，それとは逆に，陪審の決定が裁判官を法的に拘束する場合には，憲法76条3項に違反するとの見解も主張されている.

　2009年には，重大な刑事事件について，一般の国民から選ばれた6人の裁判員が，3人の裁判官とともに合議体を構成し（例外的に，1人の裁判官と4人の裁判員で構成される場合もある），事実の認定，法令の適用，刑の量定を行う裁判員

制度が導入された．この裁判員制度についても，その合憲性が問題となる．最高裁平成23年11月16日大法廷判決は，裁判員制度は，憲法32条，37条１項等に違反せず，合憲であるとした（刑集65巻８号1285頁）．

次に，裁判所制度については，一般に，裁判所の組織，権限，審級などは立法裁量事項であると考えられている．たとえば，最高裁昭和23年３月10日大法廷判決（刑集２巻３号175頁）では，憲法81条が問題となる場合の他は，審級制度について立法で適宜定めることができるとされている．

また，最高裁は，少額訴訟についての控訴の否定（民事訴訟法380条１項）や許可抗告制度（民事訴訟法337条），即決裁判における抗訴理由の制限についても，憲法32条に違反しないとしている（最高裁平成10年７月13日第３小法廷決定，判時1651号54頁以下，最高裁平成12年３月17日第２小法廷判決，判時1708号119頁，最高裁平成21年７月14日第３小法廷判決，刑集63巻６号623頁）．

（b）「裁判を受ける」権利の保障　　憲法32条の「裁判を受ける」という文言は，民事事件，行政事件の場合と，刑事事件の場合では，異なる意味をもつものとして理解されてきた．まず，民事事件及び行政事件の場合，裁判を受ける権利は，裁判所に訴えを提起して，裁判を請求する権利と解されている．それゆえ，裁判を受ける権利は，国務請求権（受益権）に分類されてきた．また，裁判所の側から見れば，憲法32条は，「裁判拒絶の禁止」または「司法拒絶の禁止」を定めたことになる．

このことは，特に行政事件との関係で重要な意味を持つ．日本国憲法は，明治憲法と異なり，司法裁判所に行政裁判権をも付与し（76条１項），自己の権利・利益が，行政機関の違法な行為によって侵害されたと考える場合には，裁判所に救済を求める権利を憲法32条によって保障したことになるからである．

もっとも，一般に，憲法32条は，「法律上の利益」が存在しない場合にまで，裁判を受ける権利を保障するものではないと考えられている（最高裁昭和35年12月７日大法廷判決，民集14巻13号2964頁）．

ただし，最近では，憲法32条は，法律上の訴訟要件を満たした場合にのみ，裁判を受ける権利を保障したものと解することは妥当ではないとする学説も有力である．

また，最高裁昭和24年５月18日大法廷判決（民集３巻６号199頁）は，戦後の農

地改革の迅速化のために，出訴期間を6ヶ月から1ヶ月に遡及的に短縮した自作農創設特別措置法は憲法32条に反しないとしている．行政事件訴訟法では，取消訴訟の出訴期間が3ヶ月とされていたが，2004年の行政事件訴訟法大改正に際して，国民の権利利益の実効的救済の観点から，6ヶ月（正当な理由があれば6ヶ月を過ぎても提訴可能）に延長する法改正が行われた（行政事件訴訟法14条1項）．

ところで，裁判を受けるためには，一定の費用の負担が必要である．そのため，裁判を受ける権利を現実に保障するためには，経済的事情で提訴または応訴が困難な者に対して，国家が経済的援助をすることが不可欠となる．

この点，民事訴訟に関して，裁判費用等の支払の猶予を与える「訴訟上の救助」（民事訴訟法82条以下）の制度がある．また，総合法律支援法に基づいて設置された日本司法支援センター（法テラス）は，無料の法律相談や弁護士費用の立替えなどの民事法律扶助事業を実施している．

次に，憲法32条は，刑事事件については，裁判所の裁判によらずに刑罰を科せられることはないことを保障している．この点では，裁判を受ける権利を自由権として位置づけることができる．

つまり，裁判を受ける権利は，国務請求権（受益権）と自由権という2つの側面をもっている．

ただし，最近では，憲法32条は，非刑事裁判手続についてのみ，手続的デュー・プロセスの権利を保障したものであり，刑事裁判手続については，憲法31条が適用されるとする見解も有力に主張されている．

なお，裁判を受ける権利の自由権的な側面は，民事事件及び行政事件においても問題となる．憲法32条は，そこでも，被告である国民が正当な裁判によらず自己の権利・利益を奪われないことを保障していると解される．

また，憲法32条が，刑事事件について，被害者訴追主義，一般訴追主義を保障したものかどうかも問題となる．しかし，この点については否定的な見解が通説である．刑事訴訟法は，犯罪の被害者などに告訴権（刑事訴訟法230条以下），告発権（刑事訴訟法239条）を与えているが，憲法32条はこれらの権利を憲法上保障するものではないと解されている．

（c）**手続についての保障** 憲法32条は，裁判がどのような手続で行われ

るべきかについては，何ら明文で規定していない．しかし，憲法82条1項は，「裁判の対審及び判決は，公開法廷でこれを行ふ」と定めている．「対審」とは，民事訴訟における口頭弁論，刑事訴訟における公判を意味する．したがって，憲法32条の「裁判」と憲法82条1項の「裁判」が同じものであれば，裁判を受ける権利は，公開の対審・判決という手続による裁判を受ける権利であると理解することができる．

　最高裁は，昭和35年7月6日大法廷決定（民集14巻9号1657頁）において，憲法32条と憲法82条にいう「裁判」は純然たる訴訟事件に関する裁判を意味するとしている．つまり，「性質上純然たる訴訟事件につき，当事者の意思いかんに拘わらず終局的に，事実を確定し当事者の主張する権利義務の存否を確定するような裁判が，憲法所定の例外の場合を除き，公開の法廷における対審及び判決によってなされないとするならば，それは，憲法82条に違反すると共に，同32条が基本的人権として裁判請求権を認めた趣旨をも没却するものといわなければならない」とされるのである．

　最高裁は，こうした立場にたって，先の事件において，純然たる訴訟事件について，公開の法廷での対審及び判決を経ずになされた調停に代わる裁判（いわゆる，強制調停）は，憲法32条及び82条に照らして，違憲との判断を示している．

　もっとも，一般に，訴訟事件は，公開・対審・判決という手続で裁判が行われる．しかし，現代国家においては，社会的・経済的弱者を保護するために国家の後見的な介入が求められるケースが増加し，いわゆる「訴訟の非訟化」が見られるようになっている．

　訴訟の非訟化の典型的な例は，借地借家法にもとづく借地非訟事件（借地借家法41条以下）や家事審判法9条1項乙類（現在は廃止）が定める家事事件である．従来，こうした訴訟事件の非訟化に際して，どのような場合に，事件を非公開・非対審・決定という簡易な手続で処理することが許されるのかが問題となってきた．

　最高裁は，かつては，ある事件を訴訟手続と非訟手続のどちらの手続で処理するかは，立法府の政策的な判断にゆだねられているとする公開非公開政策説をとっていた．しかし，現在では，最高裁は，前述のように純然たる訴訟事件と非訟事件を区別し，後者は，非公開・非対審・決定という手続で処理するこ

とが許されるとしている．

　たとえば，最高裁は，昭和40年6月30日大法廷決定（民集19巻4号1089頁）では，夫婦同居の審判（家審9条1項乙類1号〔現在は廃止〕）を非公開・非対審・決定の手続で行うことは，憲法32条，82条に違反しないと判断している．家事審判では，同居義務の内容，すなわち同居の時期・場所・態様が定められるだけであって，同居義務自体の存否については，後に公開法廷での対審・判決を受ける機会が残されているからというのがその理由である．

　公開の対審・判決によらずに，登記義務違反に対する過料を科すことについても，最高裁昭和41年12月27日大法廷判決（民集20巻10号2279頁）は，過料を科すことは一種の行政処分であって，公開の対審と判決という手続を経て行わなくても，憲法82条や32条に反しないとしている．

　学説においては，最高裁の見解に批判的な意見が，有力に主張されている．それらは，「純然たる訴訟事件」という基準が曖昧であること，非訟事件の裁判が憲法32条の適用対象にならないこと等が問題であるとする．

　そうした学説は，憲法32条は，訴訟事件，非訟事件それぞれの事件に応じた適正な手続での裁判を保障していると解している．そして，純然たる訴訟事件については，公開・対審・判決の手続での裁判が，憲法上の原則だとしながらも，事件の性質や内容次第では，例外を認める．

　また，特に近年，憲法32条は，公開・対審・判決という手続を保障するだけでなく，手続的デュー・プロセス，審問（審尋）請求権，公正な手続を求める権利などを保障していると解する学説も有力である．

　さらに，憲法32条が保障する「裁判」は，国民の権利・利益の侵害に対する実効的な救済を担保するものでなければならないとして，裁判を受ける権利は，実効的権利保護請求権を含むと解する見解もみられる．

（2）　国家賠償請求権

公務員の不法行為と損害賠償　　憲法17条は，「何人も，公務員の不法行為により，損害を受けたときは，法律の定めるところにより，国又は公共団体に，その賠償を求めることができる」と規定する．この条項によって，公務員の不法行為によって生じた損害については，国または公共団体が，損害賠償の責任

を負うことになった．

　こうした国家賠償の考え方は，今日では当然とされている．しかし，これは，世界的に見ても，比較的新しい考え方である．かつては，「国王は悪をなしえず」という言葉に象徴される，公務員の不法行為について，国は責任を負わないとする国家無答責の原則（主権免責の法理）が，承認されていたのである．こうした考えの下では，国民は，公務員の不法行為による損害について，公務員の個人責任を問うしかないことになる．

　もちろん，明治憲法にも，国家賠償に関する規定はなく，国家賠償法も制定されなかった．ただし，国の私経済活動，公の営造物の設置・管理の瑕疵，非権力的行政作用による不法行為については，国が，民法にもとづく損害賠償責任を負うこととされていた．

　しかし，権力的な行政作用による不法行為については，国家は，全く損害賠償の責任を負わなかった．それゆえ，日本国憲法の制定に関する衆議院での審議の際に，憲法17条が新設されたことは，まさに画期的な出来事だったのである．

　国家賠償「請求権」の法的性質　　憲法17条は，「法律の定めるところにより」，賠償請求ができると規定している．この点に関して，国家賠償請求権が，法律による具体化によって初めて行使しうる権利なのかどうかが問題となる．

　これまで，一般に，憲法17条は，プログラム規定だと解されてきた．つまり，憲法上の国家賠償請求権は法的権利ではなく，国家賠償請求権を具体化する法律を制定する国の義務も法的義務ではないことになる．もっとも，その場合でも，憲法17条の趣旨を没却する法律は，違憲・無効であるとされている．

　これに対して，近時は，国家賠償請求権は抽象的権利であるとする説が，有力に主張されている．さらに，憲法17条を具体化する法律が制定されなかった場合について，立法不作為の違憲確認訴訟を認める説や国家賠償制度の核心に関わる場合について，憲法17条を根拠とする賠償請求を認める説も有力である．もっとも，すでに国家賠償法が制定されている現在では，この議論にはそれほど実益がない．

　国家賠償「責任」の本質　　国や公共団体の損害賠償責任の本質については，代位責任説と自己責任説が対立してきた．現在多くの学説は，代位責任説の立場に立っている．この考え方によれば，国などの賠償責任は，公務員の使用者

としての責任であると解されることになる．

　つまり，公務員の使用者である国や公共団体は，公務員の故意または過失による不法行為の責任を，公務員本人の代わりに負うことになると考えられているのである．国などが公務員の不法行為の責任を負う根拠としては，公務員に個人責任を負わせるだけでは，十分に損害を賠償しえないことなどがある．

　また，代位責任説によれば，理論上，国や公共団体は，公務員個人が負う損害賠償責任以上の責任を負う理由はない．したがって，代位責任説は，過失責任主義と結びつくものである．国などは，公務員に過失がない場合にまで，損害賠償責任を負うことはないのである．

　しかし，この代位責任説に対して，自己責任説も有力に主張されている．この立場によれば，国や公共団体の賠償責任は，公務員個人の責任を肩代わりするものではなく，もともと国などが，自ら負うべき責任であるとされる．国民の権利・利益を違法に侵害する危険のある職務を公務員に任せている以上，実際に生じた違法な行為の責任は，国や公共団体自体が負うべきだとされるのである．また，自己責任説は，国の責任は無過失責任であるとする立場と結びつくことになる．

国家賠償請求権の内容

　(a) **公務員の不法行為**　　憲法17条を受けて，国家賠償請求権を具体化するものとして国家賠償法が制定されている．国家賠償法1条1項は，「国又は公共団体の公権力の行使に当る公務員が，その職務を行うについて，故意又は過失によつて違法に他人に損害を加えたときは，国又は公共団体が，これを賠償する責に任ずる」と規定している．

　同条が定めるように，国家賠償の対象となるのは「公務員」の不法行為である．もっとも，憲法17条の「公務員」は，公務員の地位を有する者だけでなく，より広く公務にたずさわる者一般を意味すると解されている．

　ところで，代位責任説によれば，公務員の損害賠償責任は，国や公共団体によって肩代わりされる．そのため，公務員の個人責任が問われることはない．最高裁昭和53年10月20日第2小法廷判決（民集32巻7号1367頁）でも，公務員の不法行為については，公務員個人は，賠償責任を負わないとされている．

　もっとも，国や公共団体が，公務員に対して求償権を行使することはありう

る．国家賠償法1条2項は，「公務員に故意又は重大な過失があつたときは，国又は公共団体は，その公務員に対して求償権を有する」と規定している．

（b）**不法行為**　国家賠償の対象となる「不法行為」の内容については，見解の相違がみられる．この点，「『不法行為』とは漠然たる『不法なる行為』の意味」であり，不法行為の要件は，立法で任意に定めることができるとする見解も，かつて有力に主張された．また，民法上の不法行為（民709条）の概念を前提としているとする学説もある．

他方で，民法上の不法行為だけでなく，広く違法な行為一般が国家賠償の対象になるとする説もある．それによると，現行の国家賠償法のとる過失責任主義ではなく，無過失責任主義をとることも許されることになる．

さらには，国や公共団体の行為が，不法な結果をもたらす場合，行為自体の違法性とは無関係に，国家賠償がなされるべきだとする見解もある（結果責任）．

なお，国家賠償請求訴訟は，法律の違憲性を主張する手段として用いられる場合がある．この場合には，立法行為または立法不作為が不法行為にあたると主張されることになる．一般に，立法行為または立法不作為が，「公権力の行使」にあたることは認められている．

立法不作為の違憲性が，国家賠償請求訴訟で争われた代表例として，在宅投票制度を設けないという立法不作為によって精神的損害を受けたとして，身体障害者の男性が，国家賠償を請求した事件がある．

最高裁昭和60年11月21日第1小法廷判決（民集39巻7号1512頁）では，国会議員は，立法について，国民全体に対して，政治的責任を負うにとどまり，立法行為は，「立法の内容が憲法の一義的な文言に違反しているにもかかわらず国会があえて当該立法を行う」ような場合を除いては，国家賠償法1条1項の違法性の要件を満たさないとされている．この事件では，上記の基準を適用して，原告の主張は退けられた．

この最高裁の判断は，立法不作為について，国家賠償の請求が認められる可能性を事実上否定するに近いとされてきた．

しかし，最高裁平成17年9月14日大法廷判決（民集59巻7号2087頁）は，上記の判例を維持するとしつつ，いわゆる在外選挙制度を設ける立法措置をとらなかったことは，違法な立法不作為にあたるとして，国家賠償請求を認容した．

また，国家賠償責任の制限について，最高裁は，郵便業務従事者の不法行為につき，国家賠償責任を制限する郵便法68条，73条（共に旧規定）は，部分的に憲法17条に違反するとした（最高裁平成14年9月11日大法廷判決，民集56巻7号1439頁）．
　（c）　**公の営造物の管理の瑕疵**　　国家賠償法2条1項は，「道路，河川その他の公の営造物の設置又は管理に瑕疵があつたために他人に損害を生じたときは，国又は公共団体は，これを賠償する責に任ずる」と規定する．同条は，公の営造物の設置・管理の瑕疵にもとづく損害について，国や公共団体の無過失責任を定めたものであると解するのが，一般的な考え方である．
　（d）　**外国人の国家賠償請求権**　　国家賠償法6条は，「この法律は，外国人が被害者である場合には，相互の保証があるときに限り，これを適用する」と定めている．したがって，外国人は，その母国で日本人が国家賠償請求を許されていない場合には，日本で国家賠償を受けることができない．こうした建前は，一般に，国際協調主義に反するものではなく，合憲であるとされている．もっとも，国家賠償法の相互主義は違憲とする有力な見解も存在する．

（3）　刑事補償請求権

刑事補償の意義
　（a）　**刑事補償請求権の保障**　　憲法40条は，「何人も，抑留又は拘禁された後，無罪の裁判を受けたときは，法律の定めるところにより，国にその補償を求めることができる」と規定している．この規定は，国家賠償請求権に関する憲法17条と同じく，衆議院での審議の過程で付け加えられた規定である．
　確かに明治憲法の下でも，1931年に（旧）刑事補償法が制定されていた．しかし，明治憲法自体は，刑事補償請求権を保障していなかった．（旧）刑事補償法による補償は，あくまで国家の恩恵によるものにすぎなかったのである．それに対して，日本国憲法は，刑事補償を請求することを憲法上の権利として保障したのである．1950年には，新たに現在の刑事補償法が制定されている．
　（b）　**刑事補償の根拠**　　刑事補償は，拘留・拘禁を受けた者に対して，無罪の裁判がなされた場合に，金銭的な補償を与える制度である．ただ，無罪の裁判と拘留・拘禁自体の違法性の関係，つまり，拘留・拘禁が，無罪の裁判によって，客観的に違法とされるのかについては，争いがある．

いずれにせよ，罪もなく拘留・拘禁された者は，たとえ無罪の裁判を得ても，拘留・拘禁によって，多くのものを失うことになる．そうした損失を拘留・拘禁を受けた者に受忍させることは，不公平であり，事後的な補償が必要である．こうした理念に基づいて，憲法上，刑事補償請求権が，保障されているのである．

もちろん，拘留・拘禁が違法であった場合にも，刑事補償を請求することができる．その場合は，さらに，国家賠償を求めることもできる．刑事補償法5条は，「この法律は，補償を受けるべき者が国家賠償法……その他の法律の定めるところにより損害賠償を請求することを妨げない」と規定している．ただし，国家賠償を受けた場合には，その額に応じて，刑事補償が認められないか，その額が減額されることになる（刑事補償法5条2項，3項）．

また，一般的な理解によれば，国家賠償請求に際しては，刑事補償の場合と異なり，抑留・拘禁が，公務員の故意または過失にもとづく違法なものであることを，原告が証明しなければならない．

刑事補償請求権の内容

（a）**抑留または拘禁** 刑事補償の対象になる「抑留」は，一時的な身体の拘束を，「拘禁」は，継続的な身体の拘束を意味する．「拘留又は拘禁」には，未決の抑留，拘禁，懲役刑や禁錮刑といった刑の執行による身体の拘束，死刑の執行のための拘置などが含まれる．

（b）**無罪の裁判の確定** 憲法40条にいう「無罪の裁判を受けたとき」とは，刑事訴訟において，無罪の裁判が確定した場合をいう．

さらに，無罪の裁判が確定した場合だけでなく，実質的に無罪となった場合も，憲法40条にいう「無罪の裁判をうけたとき」にあたるとする学説もある．この考え方によれば，広く拘留，拘禁に理由がないことが明らかとなった場合には，憲法上，刑事補償請求が認められることになる．

また，刑事補償法25条は，「……免訴又は公訴棄却の裁判を受けた者は，もし免訴又は公訴棄却の裁判をすべき事由がなかつたならば無罪の裁判を受けるべきものと認められる充分な事由があるとき」にも，補償を請求することができるとしている．

しかし，一般には，憲法上は，無罪の裁判が確定した場合にのみ，刑事補償請求が認められると解されている．

また，不起訴となって，そもそも裁判が行われなかった場合に，刑事補償が認められるかも問題となる．最高裁昭和31年12月24日大法廷判決（刑集10巻12号1692頁）では，憲法40条の文言から，「抑留または拘禁された被疑事実が不起訴となった場合は同条の補償の問題を生じないことは明らかである」とされている．ただし，同判決は，不起訴となった事実による抑留・拘禁のうち，実際上は無罪となった事実についての抑留・拘禁にあたる部分については，刑事補償が認められると解している．

もっとも，法律によるものではないが，不起訴となった場合については，被疑者補償規程（昭和32年法務省訓令1）に，刑事補償に関する規定がある．同規程2条によれば，「検察官は，被疑者として抑留又は拘禁を受けた者につき，公訴を提起しない処分があった場合において，その者が罪を犯さなかったと認めるに足りる十分な事由があるときは，抑留又は拘禁による補償をするものとする」とされる．

少年鑑別所に収容された後，非行事実のないことを理由とする不処分決定（少23条2項）がなされた場合に，刑事補償が認められるかも問題となる．最高裁平成3年3月29日第3小法廷決定（刑集45巻3号158頁）は，刑事補償法1条1項の「無罪の裁判」は，「刑訴法上の手続における無罪の確定裁判」を意味し，少年法上の審判を含まないとしている．その後，こうした少年法の定める手続に関する刑事補償については，別に「少年の保護事件に係る補償に関する法律」が制定されている．

なお，本人が，虚偽の自白や有罪の証拠を作り出して，起訴，未決の抑留・拘禁や有罪の裁判を受けた場合などには，刑事補償は認められないか，減額される場合がある（刑事補償法3条1号）．

（c）　補償の内容　　刑事補償については，経済的な損失のほか，精神的な苦痛なども補償の対象になる．刑事補償法4条2項は，補償の額を定める際には，「拘束の種類及びその期間の長短，本人が受けた財産上の損失，得るはずであった利益の喪失，精神上の苦痛及び身体上の損傷並びに警察，検察及び裁判の各機関の故意過失の有無その他一切の事情を考慮しなければならない」としている．

具体的な額については，原則として，「その日数に応じて，一日千円以上一

万二千五百円以下の割合による額の補償金を交付する」とされている（刑事補償法4条1項）．なお，刑事補償法による補償が，実際の損失を下回る場合には，別に国家賠償請求をすることもできると解されている．

第9章　平和主義と平和的生存権

1　日本国憲法の平和主義

(1)　日本国憲法の平和主義の意義

　日本国憲法は，前文で強い平和への決意を表明したうえで，その具体化として9条で，徹底した戦争否定の立場を採っている．これは，15年にわたる侵略戦争でアジア諸国の人々に多大な被害を及ぼし，また日本国民自身，広島・長崎での原爆の被害をはじめ悲惨な体験をしたことへの反省に基づいている．その意味では，特殊日本的なものといえる．しかし同時に，日本国憲法の平和主義は，世界的な戦争放棄の歴史を踏まえており，その延長線上に位置づけることもできる．

　戦争放棄の歴史　戦争放棄を規定したものとして，古くは1791年のフランス憲法がある．フランス憲法は，「フランス国民は征服の目的をもって，いかなる戦争をも行うことを放棄し，また，いかなる人民の自由に対しても，武力を行使しない」と定めていた．そして，第一次世界大戦後には，1919年の国際連盟規約が戦争を制限し，1928年の戦争抛棄に関する条約（不戦条約）は，「国際紛争解決の為戦争に訴ふることを非とし，……国家の政策の手段としての戦争を抛棄する」と宣言している．

　第二次世界大戦後には，国際連合憲章が，加盟国の自衛権行使としての武力行使を，現実の武力攻撃が発生した場合で，安全保障理事会が必要な措置をとるまでの暫定的なものに限定している．また，1946年のフランス憲法，48年のイタリア憲法，49年のドイツ基本法，72年の大韓民国憲法などが戦争放棄の規定を設けている．しかし，これらはいずれも侵略戦争の制限ないし放棄にとどまっている．それに対して，日本国憲法は，後に見るように，侵略・制裁・自

衛等一切の戦争を放棄しており，この点に日本国憲法の平和主義の世界史的な意義がある．

基本的人権としての平和　日本国憲法は，前文で「われらは，全世界の国民が，ひとしく恐怖と欠乏から免かれ，平和のうちに生存する権利（平和的生存権）を有することを確認する」と述べている．つまり，「平和なければ人権なし」という哲理を前提に，日本の国民も，各国の国民もともに，平和的生存権を有することを確認したのである．これにより，平和が「政策の問題」としてではなく，多数決決定にも対抗しうる「人権の問題」として位置づけられる．この点も，日本国憲法の平和主義の重要な意義である．

(2) 平和的生存権

平和的生存権をめぐる学説　平和的生存権とはどのような権利であろうか．この点について，平和的生存権とは，具体的に誰が誰に対して何を求めることのできる権利なのか不明確であるとか，憲法前文で謳われているにすぎないといった理由で，理念ないし目的としての抽象的概念であって，裁判規範として具体化されていないという立場（抽象的プログラム的権利説）がある．

それに対し，憲法前文は明らかに日本国憲法の一部であり，平和的生存権を裁判規範として位置づけるべきとの立場（具体的権利説）もある．具体的権利説の中でも有力なのが，平和的生存権を各人権の総論的な概念として捉え，憲法3章の人権体系と連動させて理論構成する主張である．たとえば，21条や29条と連動させることによって，軍事目的による表現の制限や財産の収用を禁止する，というのである．また，とくに徴兵拒否権を主張するものもある．しかしこれらの主張に対しては，わざわざ平和的生存権という概念を持ちだす必然性があるのかという疑問も出されている．

長沼訴訟第1審判決　長沼訴訟とは，旧防衛庁が北海道長沼町の山林にミサイル基地を建設しようとしたところ，それに反対する地元住民が，基地建設のための保安林指定解除処分の取消しを求めて争った事件である．1審地裁判決（札幌地裁判決昭和48年9月7日，判時712号24頁）において，基地は「一朝有事の際にはまず相手国の攻撃の第一目標になるものと認められる」から，基地周辺住民の平和的生存権が侵害される危険があるとした．つまり，平和的生存権を

法的に保護された権利であるとし，これによって原告住民の訴えの利益を認めたのである．

ところが，高裁判決は，これを「裁判規範として現実的・個別的内容をもつものとして具体化されているものではない」と判示した（札幌高裁判決昭和51年8月5日，判時821号21頁）．同事件で最高裁は，上告人の訴えの利益がないとして退け，平和的生存権については判断を示さなかった（最高裁昭和57年9月9日，民集36巻9号1679頁）．

平和的生存権の今日的意義　2003年以降の自衛隊のイラク派遣を受けて，全国各地で「自衛隊イラク派遣違憲訴訟」が提起されている．これらの訴訟でも，主として平和的生存権の侵害が主張されているが，長沼訴訟との状況の違いが難点となっている．すなわち「冷戦」期の長沼訴訟においては，「攻撃される」蓋然性（「被害の側」の日本）が問題となったが，今日の訴訟では自衛隊を派遣しているという点で，日本がむしろ「加害の側」に立っているのである．もっとも，憲法前文は平和的生存権を「全世界の国民」の権利と位置づけており，日本国民の殺されない権利だけでなく，全世界の国民が戦争で傷つくことのない権利をも確認したものといえよう．それゆえ平和的生存権から，日本国民が加害者にならない権利や殺さない権利も導きうるとする見解も出されている．

一連の自衛隊イラク派遣違憲訴訟において重要な意味をもつのは，2008年4月の名古屋高裁判決（名古屋高裁平成20年4月17日，判時2056号74頁）である．そこでは，平和的生存権につき「憲法の保障する基本的人権が平和の基盤なしには存在し得ないことからして，全ての基本的人権の基礎にあってその享有を可能ならしめる基底的権利」だとし，さらに「平和概念の抽象性等のためにその法的権利性や具体的権利性が否定されなければならない理由はない」との観点から，「裁判所に対してその保護・救済を求め請求し得るという意味における具体的権利性が肯定される場合がある」としたのである．

平和的生存権の裁判規範性をめぐっては，争いがあるものの，平和的生存権が議会や政府を拘束し国民の運動を支える憲法規範である点については，承認されているといえよう．今日の国際社会では，平和に対する脅威を除去し戦争を抑止するという消極的な活動だけでなく，平和の条件を整備する積極的な活

動が求められている．そのようななか，日本国憲法前文は「専制と隷従，圧迫と偏狭」を除去し，「恐怖と欠乏」の克服を展望して平和的生存権を確認している．憲法規範としての平和的生存権の意味内容を深化・具体化させることも重要な課題であろう．

(3) 憲法9条の法理

　学説の分類　　憲法9条の解釈をめぐっては，学説上大きく次の3説に分かれている．9条1項は「日本国民は，正義と秩序を基調とする国際平和を誠実に希求し，国権の発動たる戦争と，武力による威嚇又は武力の行使は，国際紛争を解決する手段としては，永久にこれを放棄する」と規定しているが，「国際紛争を解決する手段としては」と留保が付されている．不戦条約に見られるよう，国際法上の用例に従うならば，「国際紛争を解決する手段としての戦争」とは，「国家の政策の手段としての戦争」と同じく侵略戦争を意味するものとされる．そこで，1項で放棄しているのは侵略戦争であって，自衛戦争は放棄されていないとする立場（A説）がある．これに対し，戦争遂行国が自ら侵略戦争をしかけていると主張することはありえず，そもそも侵略戦争と自衛戦争とを区別することは不可能だとし，1項において自衛・侵略を問わず一切の戦争を放棄したと解する立場（B説）がある．これは，9条が「正義の戦争はない」との立場に立ったとする．

　もっともA説も，9条2項の解釈をめぐって見解が分かれる．2項は「前項の目的を達するため，陸海空その他の戦力は，これを保持しない．国の交戦権は，これを認めない」と，戦力の不保持と交戦権の否認を定めている．ここで「前項の目的を達するため」が何を指すかが問題となる．Ａⅰ説は，「正義と秩序を基調とする国際平和を誠実に希求し」の箇所を指すとか，戦力不保持の動機を指すとして，2項により一切の戦力の保持が禁止され，交戦権も否認されているのだから，結局，すべての戦争が放棄されていることになるとする．長沼訴訟の1審判決は，この説に立って自衛隊を違憲としている（前掲長沼訴訟札幌地裁）．他方，Ａⅱ説は，「前項の目的を達するため」とは「侵略戦争放棄という目的を達するため」と解して，侵略戦争のための戦力を保持しないとの意味にとどまるとする．また最近の学説の中には，憲法9条は非軍事平和主義

という方向を示すにとどまり，自衛のための実力保持まで禁じたものではない，とするものもある．

自衛戦争合憲説の問題点　ところが，A ii 説など自衛戦争を合憲とする立場に対しては，以下のような批判がある．第1に，日本国憲法には，66条2項の文民条項以外，戦争や軍隊を予定した規定はまったくない．すなわち，宣戦，常備軍，徴兵制，さらに自衛戦争の決定手続や軍の統帥権の所在について，憲法は何ら述べておらず，文民条項だけで戦争や軍を根拠づけることは不可能である．第2に，憲法前文は，日本の安全保障のあり方を「平和を愛する諸国民の公正と信義に信頼」すると高らかに宣言しており（信頼の原則），この強い決意が，侵略戦争の放棄にとどまるとは解し難い．第3に，自衛戦争を認めるのであれば，交戦権の否認が合理的に説明できない．第4に，制憲議会における論議（南原繁・野坂参三氏の質問に対する政府答弁）を見ると，自衛戦争が否定されていることは明らかである．以上からすると，自衛戦争合憲説は，日本国憲法の解釈としては成り立たないといえよう．

政府による自衛隊肯定論　学説の多数説は，A i 説・B 説に立って9条2項を解釈する．したがって，自衛のためとはいえ「戦力」をもつことは憲法違反となる．政府はこれまで次のように解釈してきた．すなわち，政府も多数の学説と同様，自衛のためとはいえ「戦力」をもつことは憲法上禁止されていると解する．しかし政府は，憲法9条は独立国家に固有の「自衛権」まで放棄したものではないとし，この「自衛権」を行使するための手段として「自衛のための必要最小限度の実力」（自衛力）をもつことは憲法9条に違反しない．つまり，憲法9条が禁止している「戦力」とは，「自衛のための必要最小限度」を超える実力を意味するが，自衛隊は，「自衛のための必要最小限度の実力」であって「戦力」ではない，というのである．この「自衛力」論から，「専守防衛」がいわゆる「国是」として定着する．そして自衛のための実力行使3要件として，「①わが国に対する急迫不正の侵害があること，②これを排除するために他の適当な手段がないこと，③必要最小限度の実力行使にとどまるべきこと」が示され，その帰結として「憲法9条の下において許容されている自衛権の行使は，我が国を防衛するために必要最小限度の範囲にとどまるべきものであると解しており，集団的自衛権を行使することは，その範囲を超えるもので

あって、憲法上許されない」（1985年9月27日　政府答弁書）と、されたのである．

しかし、このような政府見解は、「自衛力」と「戦力」を明確に区別できない限り、成り立たない．ところが、政府は「自衛力」について、国力・国際情勢・科学技術の進歩などに応じて変わる相対的なもので一概にはいえないとしており、結局区別が不可能なことを示している．また、一般に「戦力」とは、軍隊および有事の際にそれに転化しうる程度の実力部隊と解されている．そして、ここにいう軍隊とは、その目的が外敵の攻撃から国土を防衛するもので、国内の治安の維持と確保を目的とする警察力と区別される．軍隊は、その人員・編成方法・装備・訓練・予算等の諸点から判断して、外敵の攻撃に対して国土を防衛するという目的にふさわしい内容をもった実力部隊を指すとされる．このような理解にしたがうならば、現在の自衛隊は、その人員・装備・編成等の実態に即して判断すると、9条2項の「戦力」に該当すると言わざるをえないであろう．

日本国憲法と自衛権　自衛隊を違憲とする多数の学説に対して、では、日本国憲法は自衛権をも放棄しているのか、ということが理論上問題となる．これについて、自衛権はあるが、その自衛権は、外交交渉による侵略の未然回避、警察力による侵略の排除、民衆が武器をもって対抗する群民蜂起などによって行使されるとする、いわゆる「武力なき自衛権」論が有力である．

しかしその一方、自衛権は武力・戦力をともなうことを前提としているのだから、日本国憲法が戦力を放棄している以上、自衛権も実質的に放棄しているとの立場も有力である．個人に正当防衛の権利があるのだから、国家にも自衛権があってしかるべきだ、との議論は一見もっともそうである．しかし、生身の個人と、抽象的・観念的存在である国家とを同一に論じることは適切とはいえないだろう．

（4）　憲法9条をめぐる裁判

警察予備隊違憲訴訟　自衛隊の前身である警察予備隊の設置ならびに維持に関し、1951年4月1日以降に国が行った一切の行為の無効確認を求めて、当時の社会党委員長の鈴木茂三郎氏が最高裁に直接出訴した．原告は、実体論と

して，警察予備隊は戦力であって憲法9条に違反すると，また手続論として，最高裁は，憲法81条により司法裁判所としての性格と同時に憲法裁判所としての性格を具有し，それゆえ，最高裁は第1審としての裁判権を有すると主張した．しかし最高裁は，「わが裁判所が現行の制度上与えられているのは司法権を行う権限であり，そして司法権が発動するためには具体的な争訟事件が提起されることを必要とする」とし，「最高裁判所が固有の権限として抽象的な意味の違憲審査権を有すること並びにそれがこの種の事件について排他的すなわち第1審にして終審としての裁判権を有するものと推論することを得ない」と述べて，却下した（最高裁大法廷判決昭和27年10月8日，民集6巻9号783頁）．すなわち，警察予備隊についての実質的な憲法適否の判断がなされることなく，手続論の段階で終了したのである．

砂川事件 1957年，国がアメリカ軍の使用する立川飛行場の拡張のための測量を強行した際に，反対派のデモ隊の一部が境界内に立ち入ったため，旧安保条約3条にもとづく刑事特別法違反で起訴された．東京地方裁判所は，刑事特別法の合憲性を判断するにあたって，旧安保条約とそれにもとづく米軍駐留の憲法判断に踏み込み，駐留軍が憲法9条2項の戦力に該当し違憲である，と判示した（東京地裁判決昭和34年3月30日，下刑集1巻3号776頁，伊達裁判長の名を冠して伊達判決と呼ばれる）ため，国側は，直ちに最高裁に跳躍上告した．

最高裁は，戦力とは「わが国がその主体となってこれに指揮権，管理権を行使し得る戦力をいうものであり……外国の軍隊は，たとえそれがわが国に駐留するとしても，ここにいう戦力には該当しない」とし，さらに「本件安全保障条約は…わが国の存立の基礎に極めて重大な関係をもつ高度の政治性を有するものというべきであって……一見極めて明白に違憲無効であると認められない限りは，司法審査の範囲外のもの」であると述べた．そして，安保条約が違憲無効であることが一見極めて明白であるとはいえないとして，原判決を破棄・差し戻した（最高裁大法廷判決昭和34年12月16日，刑集13巻13号3225頁）．つまり，最高裁は統治行為論を採用することによって，安保条約の合憲性についての正面からの判断を行わなかったのである．

恵庭事件 北海道千歳郡恵庭町にある島松演習場の付近で酪農を営んでいた兄弟が，激しい自衛隊の実弾射撃演習に悩まされ，度重なる抗議を行ったが，

それにもかかわらず射撃が続行されたため，ついに自衛隊の通信線を切断した．これにより兄弟は，自衛隊法121条違反に問われて起訴された．自衛隊の合憲性が正面から争われることとなったが，札幌地裁は，憲法9条の解釈問題にはまったく触れず，自衛隊法121条の解釈だけで被告人は構成要件に該当しないとして無罪とした（札幌地裁昭和42年3月29日，下刑集9巻3号359頁）．本事件は，敗訴した国側が控訴を断念したことにより，終了した．

長沼事件　　前述の長沼事件において，1審の札幌地裁は，自衛隊が憲法9条が禁じる「戦力」に該当し違憲である，と判示した（前掲長沼訴訟札幌地裁）．しかし控訴審では，住民に訴えの利益がないとして原判決を取り消すとともに，統治行為論を用いることによって，自衛隊の憲法適否の問題は司法審査の範囲外にあるとした（前掲長沼訴訟札幌高裁）．最高裁は，訴えの利益の観点から原告の主張を斥け，自衛隊の合憲性について触れることなく訴訟を終結させた（前掲長沼訴訟最高裁判決）．

以上から明らかなように，自衛隊や安保条約の合憲性について，最高裁判所は正面から判断を行っていないのである．

2　平和主義の現状

再軍備の開始　　憲法制定当初，日本政府は憲法9条に基づき，徹底した非軍事の立場をとっていた．しかし，東西「冷戦」が激化するなか，中華人民共和国の成立（1949），朝鮮戦争の勃発（1950）をうけ，アメリカは対日占領政策を変更する．1950年，警察を補うものとして警察予備隊7万5000人が創設される．これが日本の再軍備のスタートである．1951年には，ソ連などを排除したアメリカ主導の「片面講和」という形でサンフランシスコ平和条約が締結され，日本は独立を回復する．そして，同時に日米安全保障条約が締結され，占領終了後も引き続きアメリカ軍は日本に駐留することになる．

1952年，警察予備隊は，12万人の保安隊・警備隊に発展改組される．重戦車等を備える保安隊・警備隊に対し，憲法の禁ずる「戦力」ではないかとの批判が出されたが，政府は，憲法の禁じる「戦力」とは，近代戦争遂行に役立つ程度の装備・編成を備えたもので，保安隊・警備隊のような近代戦争遂行能力を

もたない実力組織は、戦力にあたらず合憲であるとした。

1954年に日米相互防衛援助協定（MSA協定）が結ばれ、日本はアメリカから援助をうける代わりに防衛力増強の法的義務を負うこととなり、保安隊・警備隊は自衛隊へと改組された。自衛隊法3条によると、「自衛隊は、わが国の平和と独立を守り、国の安全を保つため、直接侵略及び間接侵略に対しわが国を防衛することを主たる任務」とする、と防衛目的が正面から打ちだされているが、これについての政府の説明は前述の通りである。

新安保条約　1960年、政府は安保反対闘争を押しきり、新安保条約を締結した。この条約5条1項は「各締約国は、日本国の施政の下にある領域における、いずれか一方に対する武力攻撃が、自国の平和及び安全を危うくするものであることを認め、自国の憲法上の規定及び手続に従つて共通の危険に対処するように行動することを宣言する」とし、さらに6条1項では「日本国の安全に寄与し、並びに極東における国際の平和及び安全の維持に寄与するため、アメリカ合衆国は、その陸軍、空軍及び海軍が日本国において施設及び区域を使用することを許される」と規定している。これらから分かるように、駐日米軍は「日本の安全」とは無関係に、「極東における国際の平和と安全」のため出動することもありえ、したがって在日米軍基地が米軍にとっての相手側からの攻撃対象となりうる。その際、日本はアメリカとともに戦争を行うことが義務づけられる。つまり、日本はこの条約によって、思いもよらない戦争に巻き込まれうることになったのである。

日米防衛協力のための指針　1960年以来、日米安全保障条約は改定されていないが、1978年に策定された日米防衛協力のための指針（いわゆる「ガイドライン」）によって、日米の軍事協力関係は実質的に変化しているといえる。すなわち、安保条約において、日本の軍事行動は「日本国の施政の下にある領域における、いずれか一方に対する武力攻撃」があった場合に限られていたが、ガイドラインによって「日本以外の極東における事態で日本の安全に重要な影響を与える場合」にまで拡大されたのである。

「冷戦」の終結と「湾岸戦争」　1989年の11月に「ベルリンの壁」が崩壊し、12月には米ソ首脳によるマルタ会談が行われ、「冷戦」が終結した。しかし、1990年のイラクによるクウェート侵攻、そして翌年にはアメリカを中心とする「多

国籍軍」がイラクを空爆し，いわゆる「湾岸戦争」が勃発した．この「湾岸戦争」を契機に，国内でも日本の「国際貢献」が論じられるようになった．すなわち，「日本は『一国平和主義』でよいのか」，「日本も金だけでなく，汗や血も流すべきだ」といった主張が声高に叫ばれたのである．そこで政府は，「湾岸戦争」終結後に海上自衛隊の掃海艇をペルシャ湾に派遣し，1992年には，国連の平和維持活動（PKO）に自衛隊を派遣できるようにする，「PKO協力法」を成立させ，実際，自衛隊は92年のカンボジアをはじめとして，たびたび派遣されている．

「新ガイドライン」　1997年，新「日米防衛協力のための指針」（「新ガイドライン」）が策定され，「日本周辺地域」での事態に際して，日本は米軍への「後方支援」活動を行うこととなった．「後方支援」とは，物資の補給・輸送，兵員の輸送，傷病者の治療，通信，空港・港湾の提供・整備等々の活動で，軍事作戦にとっては不可欠の活動だとされる．また，「周辺」とは，地理的に限定されたものではないとされ，「旧ガイドライン」の「極東」という歯止めを大きく踏み越えることになる．これにより，日本が攻撃されるといったこととは全く無関係に，米軍の行う戦争に日本も「後方支援」という形で参戦することになったのである．そして，1999年，「新ガイドライン」を実施するための法律として，「周辺事態法」等が制定された．

自衛隊の海外派遣と有事法制　2001年9月に，アメリカで同時多発テロ事件が起こり，その主導者とされる人物をかくまっているとして，米軍等はアフガニスタンに攻撃をはじめた．これをうけ日本政府は，2週間という短い審議で「テロ対策特別措置法」を成立させ，自衛隊はインド洋海域にて後方支援活動を行った．「周辺事態法」の規定する「我が国周辺」という限界が突破されたのである．

また2003年3月，米軍等は国連安全保障理事会の決議もないなか，イラクが大量破壊兵器を保持しているとして，イラクへの攻撃を開始した．そして日本政府は，2003年7月に「イラク復興支援特別措置法」を成立させ，2003年12月以降，「戦場」とされるイラクで自衛隊は後方支援活動を行っている．もっとも，先に見た2008年4月の名古屋高裁判決は，イラクでの航空自衛隊の活動（安全確保支援活動）をイラク特措法および憲法9条1項に違反すると断じている．

その一方で，2003年には「武力攻撃事態法」等，いわゆる「有事三法」が制

定された．ここには，武力攻撃が発生したり武力攻撃が予測される事態にさいしての国や地方公共団体，公益的事業を営む指定公共機関の責務，さらには国民の協力が定められている．「新ガイドライン」後の日米の動きを直視するならば，日米同盟の目的は，日本や極東の安全確保から「世界規模の軍事同盟」へと変わり，自衛隊が米軍とともに海外で自由に行動できる態勢が整えられつつあるといえる．そればかりか，米軍の行う戦争を自衛隊だけでなく，自治体や民間も一緒になって支援するシステムが構築されつつある．

また2006年には自衛隊法の改定により，これまで付随的任務であった自衛隊の海外活動が，本来任務とされるようになった．さらに2009年には，「海賊対処法」が成立し，海上自衛隊がソマリア沖に派遣されるなど，自衛隊の活動範囲は大幅に拡大している．

憲法9条解釈の変更と「安保関連法」　2014年7月1日，安倍晋三政権は閣議決定にて従来の政府の憲法9条解釈を変更した．すなわち，「武力の行使」の新3要件として，「①我が国に対する武力攻撃が発生した場合のみならず，我が国と密接な関係にある他国に対する武力攻撃が発生し，これにより我が国の存立が脅かされ，国民の生命，自由及び幸福追求の権利が根底から覆される明白な危険がある場合において，②これを排除し，我が国の存立を全うし，国民を守るために他に適当な手段がないときに，③必要最小限度の実力を行使することは，従来の政府見解の基本的な論理に基づく自衛のための措置として，憲法上許される」と限定つきながらも，集団的自衛権の行使に道を開いたのである．

また，「積極的平和主義」なる概念を多用して，後方支援活動は，「武力の行使」に当たらないとし，「武力の行使との一体化」論自体は前提としつつも，「後方地域」「非戦闘地域」という要件をなくし，他国が「現に戦闘行為を行っている現場」でない場所での補給，輸送などは「武力の行使と一体化」するものではない，としたのである．

2015年4月には「日米防衛協力のための指針」がさらに改定され，それを具体化するための「安保関連法」が反対世論の高まるなか，2015年9月19日に成立した．新法の国際平和支援法により，国際社会の平和及び安全を脅かす事態で国際社会が共同で対処する必要がある（「国際平和共同対処事態」）と認定されれ

ば，自衛隊は後方支援活動行うことができる．また重要事態安全確保法により，我が国の平和と安全に重要な影響を与える事態（「重要影響事態」）においては，地理的限定もなく後方支援活動を行うことができる．そして自衛隊法等の改定により，「新三要件」のもとでの「存立危機事態」への対処として武力行使（集団的自衛権の行使）が可能となる．さらにはPKOや在外邦人の警護・救出等に際して，自衛隊の「武器使用」要件が緩和されたのである．

2016年3月に施行された「安保関連法」にもとづき，11月には閣議決定で，南スーダンでのPKOに参加する自衛隊に新任務として「駆けつけ警護」と「宿営地共同防護」が付与されたのである．

改憲論と憲法9条　近年，改憲論が声高に主張されている．その主たるねらいは，憲法9条を改めて軍事組織の保持と，その組織の海外での軍事活動を可能にすることである．たとえば，2012年に発表された自民党の「日本国憲法改正草案」は，前文から信頼の原則や平和的生存権を削除する．そして第2章を「戦争の放棄」から「安全保障」に改め，9条の2という条文を設けて「我が国の平和と独立並びに国及び国民の安全を確保するため，内閣総理大臣を最高指揮官とする国防軍を保持する」と規定する．9条の2の3項で国防軍の活動を規定するが，そこでは自衛のための活動に加え，「国際社会の平和と安全を確保するために国際的に協調して行われる活動」（国際平和活動），「公の秩序を維持」する活動，「国民の生命若しくは自由を守るための活動」が列挙されている．

2017年5月3日，安倍首相は唐突に「9条1項，2項を残しつつ，自衛隊を明文で書き込む」という改憲論を提起した．自衛隊に対する国民の支持が高いことを根拠にした提起であるが，2014年の9条解釈の変更以来，その自衛隊は災害救援や専守防衛の組織ではなく，米軍とともに海外で軍事活動のできる組織へと変質していることに留意する必要があろう．

戦後日本は，憲法9条と国民の平和意識・平和運動によって，曲がりなりにも「軍事によらない平和」を目指してきた．安倍政権の強調する「積極的平和主義」とは，「軍事による平和」を意味するが，今，改憲論議のなかで「軍事によらない平和」から「軍事による平和」への転換の是非が，日本国民に問われているのである．

第10章 憲法保障 ── 違憲審査制 ──

1 憲法の保障

(1) 憲法保障の意義

日本国憲法は，さまざまな権利や自由を保障している．しかし，憲法典という形で，人権の保障を成文化したとしても，それだけで，人権が現実に保障されるわけではない．

確かに，憲法98条1項は「この憲法は，国の最高法規であつて，その条規に反する法律，命令，詔勅及び国務に関するその他の行為の全部又は一部は，その効力を有しない」と規定している．しかし，この規定のみをもって，憲法違反の法律や行政処分などによる人権侵害を完全に防止することは困難である．

したがって，憲法の規範性を確保し，人権を現実に保障するためには，憲法の最高法規性を確保するための何らかの制度が必要である．そうした制度は，憲法保障制度とよばれている．

さまざまな憲法保障制度のうち，現在最も重要視されているのは，違憲審査制である．それについては，「2 違憲審査制」で扱う．

また，公務員の憲法尊重擁護義務を定めた憲法99条も憲法保障に関する規定である．ただし，一般に，この義務は，法的な義務ではなく，道義的な義務であると解されている．

国家公務員は，国家公務員法97条と「職員の服務の宣誓に関する政令」により，「私は，国民全体の奉仕者として公共の利益のために勤務すべき責務を深く自覚し，日本国憲法を遵守し，並びに法令及び上司の職務上の命令に従い，不偏不党かつ公正に職務の遂行に当たることをかたく誓います」との服務宣誓を義務づけられている．

憲法99条に，国民が含まれていない点については，憲法は国民の人権の保護のためにあり，国民が憲法を尊重し擁護するのは当然であるから，改めて規定されなかったと解されている．ただし，憲法忠誠の名目で国民の自由が抑圧されるのをおそれたためとする有力な見解もある．

さらに，日本国憲法が，硬性憲法（96条）であることも，憲法保障の役割を果たすことになる．もっとも，憲法の改正を困難にすることは，一般的には，憲法の規範性の確保に役立つが，あまりに厳格にすると，社会状況の変化に対応できず，憲法が無視される事態を招くおそれもある．

権力分立の原則（41条，65条，76条1項）も，国家権力を担う複数の国家機関が相互に抑制しあって権限濫用を防ぐという意味で，憲法保障に貢献することになる．

もっとも，こうした憲法保障制度だけでなく，国民主権や表現の自由などの精神的自由の保障が憲法保障機能を有することも，看過してはならないとされている．

（2） 抵抗権と国家緊急権

抵抗権　（1）でみた憲法保障制度は，いずれも，実定憲法上の制度である．それに対して，非常時の憲法保障に関わるものとして，抵抗権や国家緊急権がある．抵抗権は，国家権力が，民主主義や人権保障という立憲主義の基本原理を全面的に破壊するような不法を行い，しかも，合法的な手段でそれに対抗することが困難な場合に，国民が，国家権力に対し，実力で抵抗する権利である．

この抵抗権は，一般には，自然法を根拠とする権利であると解されている．もっとも，「この憲法が国民に保障する自由及び権利は，国民の不断の努力によって，これを保持しなければならない」とする憲法12条や「この憲法が日本国民に保障する基本的人権は，人類の多年にわたる自由獲得の努力の成果であつて，これらの権利は，過去幾多の試錬に堪へ，現在及び将来の国民に対し，侵すことのできない永久の権利として信託されたものである」と規定する憲法97条は，抵抗権の理念を示したものであると理解されている．

国家緊急権　国家緊急権は，戦争，内乱，恐慌や大規模な自然災害などによって，通常の統治システムでは対処できない異常事態が生じた場合に，権力

分立や人権保障を核とする立憲主義的統治システムを一時的に停止させ，事態に応じた非常措置をとる国家の権限をいう．

　非常事態においては，立憲主義を守るために，国家緊急権の行使が認められざるをえない場合もありうる．そうした場合，政府への権限の集中とその強化が行われることが多い．そこには，立憲主義の破壊につながる危険がある．

　それゆえ，国家緊急権を行使するためには，次の要件が満たされる必要があるとされている．すなわち，①国民の権利，自由の確保という目的が明確であること，②立憲主義の停止が，一時的で必要最小限度であること，③通常の手段で事態に対処できないこと，④国家緊急権を行使してとられた措置について事後的な責任追及がなされること，などである．

　明治憲法は，緊急事態に関するいくつかの規定をおいていた（8条，14条，31条，70条）．しかし，日本国憲法には，国家緊急権に関する明文規定がない（ただし，参議院の緊急集会の位置付けにもよる）．

　この点，日本国憲法の下でも，国家の自然権として，国家緊急権が認められるとする説がある．他方で，明文規定がない限り，憲法に反しない範囲で緊急措置をとることができるに過ぎないとする学説も有力である．

2　違憲審査制

(1)　違憲審査制の意義

　憲法81条は，「最高裁判所は，一切の法律，命令，規則又は処分が憲法に適合するかしないかを決定する権限を有する終審裁判所である」としている．

　明治憲法下では，裁判所には，法律の合憲性についての形式的審査権は与えられているが，法律等の内容的な憲法適合性に関する実質的な審査権は与えられていないというのが判例であった．

　日本国憲法は，76条1項と81条において，裁判所に新たに違憲審査権と行政裁判権を付与することによって，裁判所の権限を著しく拡大・強化し，人権保障の完全性を確保しようとしているのである．

　裁判所による違憲審査制は，世界的にみて，2つの基本的な型に分けることができる．1つは，司法裁判所が，具体的な事件に付随して，その解決に必要

とされる限度で違憲審査を行う付随的違憲審査制（司法裁判所型）である．アメリカの司法審査（judicial review）制度が，歴史上初めて確立した典型的な付随的違憲審査制である．

　もう1つの型は，司法裁判所とは異なる憲法裁判所という特別の裁判所が，具体的な事件と関係なく，抽象的に法律の憲法適合性について判断する抽象的違憲審査制（憲法裁判所型）である．典型例は，ドイツの連邦憲法裁判所制度である．

　もっとも，現在では，この2つの型を峻別するのは適切でないとされている．それらが，具体的な制度や実際の制度運営の上では，相互に接近しつつあるからである．

　たとえば，アメリカにおいては，具体的な事件・争訟の存在や憲法上の争点を提起する適格といった違憲審査の要件を緩やかに解釈する傾向がみられる．他方で，ドイツでも，具体的な基本権侵害を要件とする憲法異議手続における違憲審査の比重が，きわめて増大しているのである．

（2）　違憲審査制の性格

　日本国憲法の定める違憲審査制の性格，つまり，それが付随的違憲審査制か抽象的違憲審査制かについては争いがある．憲法81条は，日本国憲法の条文のなかで違憲審査に明確に言及した唯一の規定である．しかし，その文言からは，どちらの制度を採用したのかを明確に読みとることはできない．

　もっとも，裁判所が，具体的事件に付随して，違憲審査権を行使できることについては争いはない．問題なのは，最高裁が，ドイツの連邦憲法裁判所のように，抽象的違憲審査権をもつのかという点である．

　通説である付随的違憲審査制説は，日本国憲法が採用している違憲審査制は付随的違憲審査制であり，最高裁は，抽象的違憲審査権をもつ憲法裁判所ではないと解している．

　違憲審査に関する81条が，「第6章　司法」の中におかれていること，日本国憲法制定の経緯からみて，日本の違憲審査制は，アメリカの付随的違憲審査制を受け継いだものと考えられること，憲法が，抽象的違憲審査を行う際の要件や手続について何も規定していないことなどがその論拠である．

判例も、通説と同じ立場に立っている。警察予備隊違憲訴訟における最高裁昭和27年10月8日大法廷判決（民集6巻9号783頁）は、裁判所の違憲審査権は、司法権の範囲内でのみ、行使されるものであり、「裁判所が……抽象的に法律命令等の合憲性を判断する権限を有するとの見解には、憲法上及び法令上何等の根拠も存しない」としている。

ただし、付随的違憲審査制説の中には、裁判所に「法律で」抽象的違憲審査権を付与することは、一定の限度で、憲法上許されるとするものもある。

通説・判例に対して、憲法81条は、最高裁に抽象的違憲審査権を付与した規定であるとする見解もある。また、具体的違憲審査制と抽象的違憲審査制の選択は、法律にゆだねられているという説もある。しかし、どちらの説も少数であり、現実には、日本の違憲審査制は、付随的違憲審査制であることを前提として運用されてきた。

（3） 司法消極主義と司法積極主義

違憲審査権の行使のあり方については、司法消極主義、司法積極主義という2つの考え方がある。司法消極主義、司法積極主義については、さまざまな定義や理解があり得るが、おおむね次のように理解することができる。

司法消極主義（司法の自己抑制）とは、違憲審査において、法律などを違憲と判断するのは、違憲性が明白な場合に限るべきだとする考え方である。政治部門（国会、内閣など）の判断を最大限尊重しようとする立場だといえる。一般に、日本の裁判所、特に、最高裁は、司法消極主義の立場に立っていると評されている。

それに対して、司法積極主義とは、憲法の価値の実現、とりわけ人権の保障のために、裁判所がある国家行為が、違憲であると考える場合には、たとえ違憲性が明白でなくとも、違憲判断を示すべきとする考え方である。

（4） 違憲審査の主体

憲法81条は、最高裁が、違憲審査権を持つ終審裁判所であるとしているが、下級裁判所の違憲審査権については、何ら規定していない。しかし、憲法76条1項によって、最高裁と同様に司法権を付与された下級裁判所も違憲審査を行

うことができると解されている．違憲審査権は，もともと司法権に含まれている権限と考えられているからである．

ただし，憲法81条が，最高裁が法令等の国家行為の違憲性を判断する「終審裁判所」であると定めていることから，最終的には，常に，最高裁による違憲審査の機会が，認められなければならない．

最高裁昭和25年2月1日大法廷判決（刑集4巻2号73頁）も，「裁判官が，具体的訴訟事件に法令を適用して裁判するに当り，その法令が憲法に適合するか否かを判断することは，憲法によって裁判官に課せられた職務と職権であって，このことは最高裁判所の裁判官であると下級裁判所の裁判官であることを問わない」としている．

（5） 違憲審査の対象

違憲審査の対象となる国家行為の範囲について，憲法81条は，「一切の法律，命令，規則または処分」としている．そのうち，「法律」は，国会の制定した一般的，抽象的法規範を意味する．次に，「命令」は，行政機関の制定した法規範をいう．また，「規則」は，議院規則（58条2項）や最高裁判所規則（77条1項）などを指している．さらに，地方議会が制定する条例も，「法律」に入れるか「規則」に入れるかについて争いはあるものの，それが，違憲審査の対象となることは認められている．

「処分」は，国家機関の個別的，具体的行為をいう．また，一般に，裁判所の裁判も「処分」にあたり，違憲審査の対象になると解されている．最高裁も，最高裁昭和23年7月8日大法廷判決（刑集2巻8号801頁）において，裁判の本質は，一種の処分であり，「司法行為（裁判）も……終審として最高裁判所の違憲審査権に服する」と判示している．

また，憲法が列挙しているものだけでなく，あらゆる法規範，個別的・具体的な国家行為が，違憲審査の対象になると解されている．ただ，国際法である条約の違憲審査が可能かどうかについては争いがある．この点，条約が，憲法よりも優先するのであれば，条約の違憲審査の可否を論じることは，無意味である．この問題については，条約が，憲法よりも優先されるとする条約優位説もあるが，憲法優位説が通説となっている．

条約の違憲審査の可否については，肯定，否定の両説がある．まず，否定説は，憲法81条や98条に条約が列挙されていないこと，憲法98条2項に条約の誠実遵守が規定されていること，国家間の合意である条約の特殊性などを根拠としている．

　それに対して，条約は，憲法81条のいう「法律」や「規則又は処分」にあたるとする肯定説もある．他にも，条約の違憲審査を認め，「少なくとも民主体制や基本権を侵害するような条約は，その国内法的効力を否定されるべき」とする説がある．さらには，条約にもとづく法令の違憲審査に際して，前提問題として，条約の合憲性を審査できるとする説も主張されている．

　国会が，特定の法律の制定を憲法で義務づけられていると解される場合，必要な法律を制定しないこと（立法不作為）が，違憲審査の対象となるのかも問題になる．一般には，立法不作為も，違憲審査の対象になると解されている．もっとも，その場合，立法不作為に対して，どのような訴訟が許されるのかについては争いがある．

　まず，立法不作為を理由とする国家賠償請求訴訟が許されることは，認められている．ただし，前述のように，最高裁は，立法不作為が，国家賠償法上違法とされる場合をかなり限定している．

　次に，立法不作為の違憲確認訴訟については，たとえば，生存権の法的性格に関する具体的権利説は，国が，生存権を保障するにたるだけの内容を持つ立法を行わない場合，立法不作為の違憲確認訴訟が可能であると解している．しかし，先に述べたように，多くの学説は，立法不作為の違憲確認訴訟を認めることに否定的である．

　国が，私人と対等の立場で行った私法行為（契約など）についても，違憲審査の可否が問題となる．この点，純粋な私人相互の関係については，憲法は，私法の一般条項の解釈を通じて，間接的にのみ，適用されると解するのが通説・判例である（間接適用説）．

　しかし，私人の場合と異なり，国の私法行為については，次のような理由から，違憲審査の対象になると考えられている．まず，憲法が，私人間に直接適用されないのは，私人間における私的自治の原則を根拠とするが，国と私人の関係には，私的自治は認められていない．また，憲法は，国を名宛人とするも

のであり，そのことは，国がどのような行為形式を選択するか（公法行為か私法行為か）で異なるわけではない．

　もっとも，百里基地訴訟において，最高裁平成元年 6 月20日第 3 小法廷判決（民集43巻 6 号385頁）は，国が，私人と契約を結んで基地用地を取得した場合，原則として，国のそうした行為（契約）には，憲法は直接適用されないという解釈を示した．

　違憲審査の対象との関係では，統治行為論も重要である．一般に，統治行為とは，国家統治の基本に関する国家行為であって，その高度の政治性ゆえに違憲審査を含めて司法審査の対象にならない行為とされている．

　一般に，統治行為の存在自体は認められている．もちろん，こうした統治行為も，そもそも裁判所による審査の対象となりえないものではない．ただ，三権分立の下での裁判所の役割や民主主義，あるいは，裁判所の政策的な自制などを根拠に，統治行為について，裁判所が司法審査を行うことができないと考えられているのである．ただし，統治行為が存在することを認めない見解も，少なからず存在する．

　もっとも，いかなる国家行為が統治行為にあたるのかについては，個別の国家行為ごとに十分な検討を行い，実質的な根拠がある場合にのみ，限定的に統治行為を認めるべきだとする見解が有力である．

　具体的な統治行為の範囲については，さまざまな学説があるが，たとえば，条約の締結などの外交事項，衆議院の解散など国会・内閣の組織，運営及び相互関係に関わる事柄などがあげられている．

　最高裁は，衆議院の解散の効力が争われた苫米地事件において，「直接国家統治の基本に関する高度に政治性のある国家行為のごときはたとえそれが法律上の争訟となり，これに対する有効無効の判断が法律上可能である場合であっても，かかる国家行為は裁判所の審査権の外にあ」ると判示している（最高裁昭和35年 6 月 8 日大法廷判決，民集14巻 7 号1206頁）．

（6）　違憲審査の手続

　憲法訴訟　付随的違憲審査制の下では，違憲審査は，通常の民事訴訟，行政訴訟，刑事訴訟において行われることになる．その意味で，抽象的違憲審査

制の場合と異なり，憲法訴訟という独自の訴訟は存在しないのである．ただ，一般に，民事，行政，刑事の各訴訟のうち，憲法問題が争点となる訴訟が，憲法訴訟とよばれている．

訴えの利益　憲法違反を訴訟で主張するためには，まず，刑事，民事，行政の各訴訟の訴訟要件が，満たされなければならない．それゆえ，人権侵害の救済という点から見て，訴訟要件の内容が，重要な意味を持つ．

もっとも，通常，刑事訴訟においては，国民は，被告人の立場で，憲法違反を主張することになる．この場合，何らかの訴訟要件（刑事訴訟の場合，「訴訟条件」という言葉が使われる）が満たされず，公訴棄却などの判決が下されて，被告人が，違憲の主張をできないことになっても，むしろ，そのことは，通常は，被告人である国民の利益になる．そのため，刑事訴訟については，訴訟条件は，憲法学において，余り問題とされていない．

また，私人相互の権利・義務や法律関係に関する訴訟を主とする民事訴訟についても，従来は，訴訟要件が憲法上の問題とされることは少なかった．

訴訟要件が，しばしば争点となるのは，行政訴訟においてである．特に，抗告訴訟の一種であり，行政庁が行った処分や裁決の取消しをもとめる取消訴訟について，その訴訟要件が大きな問題となってきた．

行政事件訴訟法9条1項は，取消訴訟は，「当該処分又は裁決の取消しを求めるにつき法律上の利益を有する者に限り……提起することができる」と定めている．訴訟の原告たりうる資格を原告適格というが，この規定によれば，訴えを提起する者が処分等の取消しについて「法律上の利益」を有する場合にのみ，原告適格が認められる．

この「法律上の利益」が認められなければ，法律上は，行政訴訟としての憲法訴訟を提起することができない．そして，「法律上の利益」とは，法律（行政処分の根拠法規）によって保護された利益であるとするのが通説，判例である．それに対して，「法律上の利益」は，法的保護に値する利益であるとして，原告適格を拡大する意見も有力である．

なお，取消訴訟の原告適格の拡大を目的として，2004年の行政事件訴訟法の改正によって，「法律上の利益」の有無の判断に際して，処分の根拠法規の文言のみではなく，「当該法令の趣旨及び目的並びに当該処分において考慮され

るべき利益の内容及び性質を考慮するものとする．」との規定が追加された（行政事件訴訟法9条2項）．

　また，取消訴訟を提起するためには，処分等の取消しによって得られる客観的利益，すなわち，（狭義の）訴えの利益が存在しなければならない．訴訟の係属中の事情の変化によって，裁判がなされてももはや何の利益ももたらされない場合には，（狭義の）訴えの利益なしとして，訴訟は却下されることになる．

　たとえば，最高裁昭和28年12月23日大法廷判決（民集7巻13号1561頁）は，メーデーの集会のための皇居外苑の使用許可申請に対する不許可処分の取消しをもとめる訴訟において，訴訟係属中に使用申請をしていた期日（5月1日）が経過したことによって，判決を求める法律上の利益は失われたとして，訴えを却下している．

　アメリカでは，司法権を行使するための事件・争訟性の要件が訴訟の係属中に満たされなくなった場合には，訴えを不適法として却下できるとするムートネスの法理が存在する．上にあげた事例は，この法理に関わるものと見ることもできるとされている．もっとも，日本では，ムートネスの法理を憲法上の問題として扱うべきかどうかについて，見解が分かれている．

　客観訴訟　　行政訴訟の中には，「法律上の争訟」（裁判所法3条1項）にあたらないとされる客観訴訟とよばれる訴訟がある．行政事件訴訟法は，客観訴訟として，民衆訴訟と機関訴訟を規定している（行政事件訴訟法5条，6条）．民衆訴訟としては，選挙人としての資格で提起する選挙無効訴訟（公職選挙法204条），住民としての資格で提起する住民訴訟（地方自治法242条の2）などがある．なお，近年国レベルの住民訴訟にあたる国民訴訟の導入が議論されている．

　こうした客観訴訟については，付随的違憲審査制の下で，客観訴訟の場において違憲審査を行うことが許されるかどうかが問題となる．一般には，客観訴訟の場での違憲審査も許されてよいと解されている．

　争点適格　　ところで，憲法訴訟については，個々の訴訟の訴訟要件に加えて，「憲法訴訟の当事者適格」が議論される．この「憲法訴訟の当事者適格」は，訴訟要件の1つとしての訴えを提起する資格（原告適格）ではなく，具体的な事件において，攻撃・防御方法として，憲法違反の主張をなしうる資格をいう．最近では，誤解を避けるために，憲法上の争点を提起する適格（争点適

格），違憲主張の適格という表現が用いられることもある．

　「憲法訴訟の当事者適格」については，憲法にも，法律にも，明確な規定はない．しかし，自己が当事者となっている訴訟において，自己の権利・利益に直接関わる違憲の主張をすることは，当然許されると解される．問題は，自己の訴訟で，第三者の憲法上の権利の侵害を主張できるか，そうした主張が許されるとすれば，それはどのような場合か，という点である．

　第三者の権利侵害が主張される場合としては，基本的に次の2つの場合が考えられる．①当該訴訟において問題となっている法律や処分などによって，ある第三者の憲法上の権利が実際に侵害される場合，②問題の法律が，第三者に適用された場合に，その憲法上の権利が侵害される可能性がある場合である．

　いずれの場合にせよ，具体的事件の解決に必要な場合に，必要な限度で，違憲審査を行うという付随的違憲審査制の本質からすれば，原則として，当事者でない第三者の権利侵害を主張することはできない．具体的な事件の解決という点からは，当事者に対する権利侵害の有無だけが，確定できればよいからである．

　もっとも，次のような場合には，例外的に，第三者の権利侵害の主張が許されるとする見解も有力である．①のケースでいえば，第三者自身が，権利侵害を主張できないか，主張することがきわめて困難な場合や当事者と第三者に実質的な関係がある場合などであり，②のケースについては，表現の自由など精神的自由を制限する法律の規定の意味が不明確な場合または当該法律が過度に広汎な規制を含んでいる場合である．

　後者の場合，ある特定の事件における当該法律の適用自体は，憲法上許されるとしても，それ以外の場合に当該法令が適用されて，表現の自由が侵害される危険があるからである．さらには，そうした法令が存在すること自体，国民一般の表現の自由を萎縮させる効果を生じさせるという問題もある．

　最高裁は，第三者所有物没収事件において，自己に対する附加刑である没収が，告知・聴聞なしに第三者の所有権を奪うがゆえに違憲であるとする被告人の主張について，没収は被告人に対する附加刑であり，また被告人も，占有権を奪われるなど没収について実質的な利害関係を有しており，没収の違憲性を

主張することが許されるとしている（最高裁昭和37年11月28日大法廷判決，刑集16巻11号1593頁）．

適用審査と文面審査　既に述べた違憲審査の要件が満たされた場合，裁判所は，訴訟で問題となっている法令や処分などの違憲審査を行うことになる．法令の合憲性の審査方法としては，適用審査と文面審査がある．適用審査とは，当該法令の合憲性を，具体的な事件におけるその適用との関係で審査する方法である．それに対して，文面審査とは，具体的な事件における適用を離れて，法令の文面に照らして，その合憲性を審査する方法である．

付随的違憲審査制の下では，具体的な事件の解決に必要な範囲で違憲審査が行われるので，原則的には，適用審査が行われるべきことになる．ただし，表現の自由を制限する法令の不明確性やそうした法令が過度に広汎な規制を定めているかどうかが問われる場合は，文面審査の手法が用いられる．

立法事実　実際の違憲審査の場では，単なる法的推論のみで人権を制限する法律の合憲性を判断することはできない．違憲審査に際しては，人権を制限する法令が，必要性，合理性を有していることを裏付ける事実の存否の認定が必要である．人権制限立法の必要性，合理性を裏付ける社会的，経済的，科学的な事実は，立法事実とよばれる．なお，法律の構成要件に該当する事実（要件事実）は，司法事実または判決事実とよばれる．

違憲審査にあたって，こうした立法事実を考慮することによって，憲法判断の合理性や説得力が強化されることになるとされている．立法事実を詳しく審査した判例としては，薬事法事件における，最高裁昭和50年4月30日大法廷判決（民集29巻4号572頁）がある．

立法事実の審査の際には，立法者による立法事実の認定に誤りがなかったか，立法事実が訴訟時になお存在しているかどうか，人権制限立法のとる手段が，立法事実に照らして，人権制限の目的を達成するために妥当なものといえるかどうかが，審査されることになる．なお，裁判所が，当事者の主張・立証に拘束されず，司法的確知という手段で立法事実を認定することが許される場合もある．

(7) 違憲審査の基準

法律の合憲性の推定　国会は，法律の制定に際して，少なくとも，黙示的には，その法律が合憲であるとの判断を行っていると考えることができる．そして，憲法上立法権を与えられ，国民による選挙で選ばれた議員からなるという意味で強い民主主義的正統性を有する議会のこうした判断は，原則として尊重されなければならない．そのため，通常は，法律は合憲性の推定をうける．

もちろん，常に合憲とされるわけではないが（あくまで「推定」），人権を制限する法律が裁判所によって違憲とされるのは，それが，著しく不合理であることが明白な場合に限られることになる．すなわち，違憲審査に際して，明白性の原則が適用されるのである．

しかし，こうした合憲性の推定は，あらゆる人権制限立法に適用されるわけではない．有力な見解によれば，主として合憲性の推定は，経済的自由を制限する法律に働くとされている．そして，表現の自由などの精神的自由を制限する法律には，逆に違憲性の推定が働くと解されるのである．

二重の基準論　精神的自由の制限と経済的自由の制限を区別するこうした考え方は，違憲審査の基準についても，妥当することになる．現在一般に支持されている二重の基準論とよばれる考え方は，精神的自由と経済的自由とで，違憲審査基準が異なるとする理論である．二重の基準論の骨組みは，次の2点に要約できる．

まず，表現の自由などの精神的自由が侵害された場合には，民主制のプロセスが機能不全に陥り，国政に国民の意思が反映されず，その結果，議会において憲法違反の立法を改正・廃止することができなくなる．それゆえ，裁判所は，精神的自由を制限する立法の合憲性を厳格な基準によって審査しなければならない．

逆に，経済的自由が侵害された場合には，民主制のプロセスは正常に機能しており，憲法違反の法律を民主制のプロセスにおいて改正・廃止することができる．また，経済的自由の制限立法については，その合憲性の判断に際して，裁判所に政策的な判断が要求されるが，裁判所は，そうした判断をする能力を十分に備えていないとされている．

こうしたことから，経済的自由の規制立法の違憲審査にあたっては，裁判所

は，基本的に，立法府の裁量を尊重し，緩やかな基準（合理性の基準や厳格な合理性の基準）を用いて審査すべきであるとされることになる．

こうした二重の基準論は，現在では通説となっている．最高裁の判例にも，二重の基準論的な言い回しをするものがある．しかし，最高裁は，表現の自由を制限する法律の合憲性の判断に際して，必ずしも厳格な基準を用いているわけではない．

いずれにせよ，具体的にどのような事案に，どのような審査基準を適用するのかについて，定説があるわけではない．ここで，1例をあげるとすれば，たとえば，二重の基準論を支持するある有力な学説は，いくつかの基準が，次のように使い分けられるべきだとしている．

まず，表現の自由の制限が，事前抑制や過度に広汎な規制にあたる場合には，最も厳しい審査が行われ，法律の文言の審査だけで，文面上無効の判断を下すことができる．

次に，表現内容にもとづく表現の自由の規制については，事前抑制などの場合ほど厳格な審査は行われないが，「明白かつ現在の危険」の基準という厳しい基準が適用される．さらに，表現の時，場所，態様にもとづく規制には，内容規制よりは若干緩やかなＬＲＡの基準が適用される．

また，経済的自由を制限する法律の違憲審査で用いられる基準には，2種類があるとされる．そのうち，国民の生命・健康などを守るための消極目的の規制については，厳格な合理性の基準が，社会・経済政策を実現するための積極目的の規制については，より緩やかな基準である合理性の基準が適用されると解されている．

（8） 憲法判断の方法

憲法判断回避の準則　訴訟要件を満たした適法な訴訟において，いわゆる「憲法訴訟の当事者適格」を有する者が，憲法問題を提起したとしても，裁判所は，必ずしも違憲審査を行わなければならないわけではない．付随的違憲審査制のもとでは，憲法問題に触れなくても具体的な事件を解決できる場合には，憲法判断を行うべきではないとされるからである．

こうした憲法判断の回避が，実際に訴訟で問題となったケースとして，恵庭

事件がある．この事件において，自衛隊法121条違反の罪で起訴された被告人は，自衛隊法が憲法9条その他に違反していると主張した．それに対して，1審である札幌地裁は，被告人が切断した自衛隊の連絡用の電話線は，自衛隊法121条にいう「その他の防衛の用に供する物」にあたらないとして，被告人を無罪としている（札幌地裁昭和42年3月29日判決，下刑集9巻3号359頁）．その際，札幌地裁は，被告人に自衛隊法が適用されない以上，憲法問題に関して判断する必要はなく，またそれをすべきでもないとして，憲法判断を回避したのである．

学説においても，憲法判断が，不要な場合には（恵庭事件では憲法判断の有無に関わらず無罪の結論は同じ．），裁判所は，違憲審査をすべきではないとする説が有力である．しかし，恵庭事件について，無罪判決においても，消極的な意味で法律が適用されているのであるから，法律適用に先だって，憲法判断が行われるべきであったとする説もある．

合憲限定解釈　憲法判断自体の回避とは別に，違憲の疑いがある法令を憲法に適合するように解釈することによって，違憲判断を回避するという手法が用いられることがある．こうした法律解釈の手法は，合憲限定解釈とよばれている．

最高裁が，合憲限定解釈の手法を用いた例としては，全逓名古屋中郵事件における最高裁昭和41年10月26日大法廷判決（刑集20巻8号901頁）や都教組事件における最高裁昭和44年4月2日大法廷判決（刑集23巻5号305頁）がある．

確かに，合憲限定解釈は，人権の保障ための有効な手段としての側面も持っており，また，法律を違憲とすることによって生じる混乱を避け，立法府の判断を尊重するという意味でも，一定の役割を持っている．しかし，他方で，合憲限定解釈には，法令の意味を不明確にする，あるいは，立法者の意思をゆがめ，裁判所による立法を認めることになるといった難点があることも指摘されている．

法令違憲と適用違憲　裁判所が，憲法判断を行い，違憲判断を下すべきであるとの結論に達した場合には，さらにどのような形で違憲判断を行うべきかが問題となる．違憲判断の手法としては，法令違憲，適用違憲，運用違憲があるとされている．

付随的違憲審査制の下では，適用違憲，すなわち，ある法令が当該事件に適

用される限りで，憲法に違反するという形式での違憲判断が基本である．もっとも，適用違憲にも，次の3つのケースがある．

①法令の合憲解釈が不可能な場合に，端的に法令違憲の判断をするのではなく，違憲の法律の適用行為を違憲とするケース．②法令の合憲限定解釈が可能な場合に，それを行わずに法令を適用したことを違憲とするケース．③法令自体は憲法に違反しないが，その誤った解釈・適用が，憲法違反とされるケース．

適用違憲の手法に対して，法令違憲は，法令自体を違憲とする違憲判断の手法である．法令違憲の判断を下した最高裁判例としては，最高裁昭和48年4月4日大法廷判決（刑集27巻3号265頁，刑法200条＝尊属殺重罰規定），最高裁昭和50年4月30日大法廷判決（民集29巻4号572頁，薬事法6条2項4号＝薬局開設の距離制限規定），最高裁昭和51年4月14日大法廷判決（民集30巻3号223頁，公職選挙法別表第1＝衆議院議員定数配分規定），最高裁昭和60年7月17日大法廷判決（民集39巻5号1100頁，公職選挙法別表第1＝衆議院議員定数配分規定），最高裁昭和62年4月22日大法廷判決（民集41巻3号408頁，森林法186条＝共有林分割制限規定），最高裁平成14年9月11日大法廷判決（民集56巻7号1439頁，郵便法68条，73条〔共に一部分〕＝国家賠償責任の制限規定），最高裁平成17年9月14日大法廷判決（民集59巻7号2087頁，公職選挙法附則8項〔一部分〕＝在外選挙制度の適用限定規定），最高裁平成25年9月4日大法廷決定（民集67巻6号1320頁，民法900条4号但書前段＝非嫡出子法定相続分規定），最高裁平成27年12月16日大法廷判決（民集69巻8号2427頁，民法733条1項〔一部分〕＝再婚禁止期間規定）がある．

また，最高裁平成20年6月4日大法廷判決（民集62巻6号1367頁）では，日本国民である父と日本国民でない母の間に出生し，出生後に父に認知された子の日本国籍の取得について準正要件を定めた国籍法3条1項の規定が不合理な区別を生じさせていることが，憲法14条1項に反するとされた（別事件に関し，同日に同趣旨の大法廷判決，最高裁判所裁判集民事228号101頁）．

なお，運用違憲という違憲判断の方法もある．これは，法令自体は合憲であるにも関わらず，それが，憲法に違反するような形で運用された際に，そうした運用の一環としてなされた具体的な法令適用行為を違憲とする違憲判断の手法である．

(9) 違憲判決の効力

　裁判所が，違憲審査を行い合憲判断を下した場合，その判断は，その事件に限って効力をもつ．つまり，将来にわたって，法令や処分などが合憲であることが，それによって，確定されるわけではない．

　逆に，裁判所が，違憲判断を下した場合，その判断が，どのような法的効果をもつのか，つまり，「違憲判決の効力」については争いがある．むろん，この場合，「判決」だけではなく，裁判一般における違憲判断が問題とされてきた．

　最高裁の法令違憲の判断に与えられる法的効力については，一般的効力説，個別的効力説，法律委任説が対立している．

　そのうち，一般的効力説は，最高裁の違憲判断は，違憲とされた法令全体または法令の個別の規定の当該事件への適用を否定する効力（個別的効力）だけではなく，それらを一般的に無効とする効力（一般的効力）をもつと考える．

　その主な根拠は次の2点である．①憲法98条1項により，憲法違反の法令は，無効であり，しかも，憲法81条は，憲法違反の有無の決定権は最高裁にあると定めている．②個別的効力しか認めないと，法律が，違憲・無効とされる場合と合憲とされる場合が生じ，不都合が生じる．つまり，そうした事態は，法律の一般的性格に反し，法的安定性や予見可能性を損ない，法の下の平等にも反することになるというのである．

　一般的効力説に対して，通説である個別的効力説は，最高裁による法令違憲の判断であっても，個別的効力をもつにとどまると解している．具体的な事件を解決するのに必要な限度で違憲審査を行うという付随的審査制の本質から考えれば，違憲判断の効力も，その事件限りのものと考えるべきだというのである．

　さらに，法令などを一般的に無効とする効力を認めると，裁判所に法令の廃止，すなわち消極的立法の権限を与えることになり，国会を唯一の立法機関とする憲法41条に反するおそれがあることも指摘されている．

　ただし，個別的効力説の中には，国会は，違憲とされた法令を廃止または改正する政治道徳的あるいは法的な義務を負うとする見解や，法令を廃止するといった措置をとることが，裁判所に対する礼譲として期待されるとする見解などがある．また，違憲とされた法律は，一般に執行されないことになるという効果（いわゆる，「違憲判決の弱い効力」）は認められると解する有力な見解もある．

法律委任説は，裁判所の違憲判断にどのような効力を認めるかは，法律にゆだねられているとする．

なお，憲法問題に最終的な判断を下す権限を持つ最高裁と異なり（81条），下級裁判所の法令違憲の判断が，当該事件限りの効力しか有しないことに異論はない．また，行政庁の処分や裁判所の裁判などに関する処分違憲の判断は，個別的効力しか有しない．

(10) 憲法判例の拘束力

判決など裁判は，裁判の結論を述べた主文と判決理由からなる．付随的違憲審査制の下では，主文では，具体的事件についての判断が示され，憲法判断は，判決理由の中で示されることになる．主文については，既判力などの後の裁判を拘束する効力が認められている．また，判決理由中の判断についても，当該事件における下級審の裁判所に対する拘束力は認められる（裁判所法4条）．

しかし，最高裁によって示された憲法判断が，憲法判例として，後の事件で裁判所を拘束する法的拘束力をもつのかについては争いがある．

通説は，判例法主義をとるアメリカなどと異なり，制定法主義をとる日本では，判例に法的拘束力は認められないとする．ただし，最高裁の憲法判断が示されると，後の裁判所は事実上それにしたがうことになるという意味で，憲法判例は，事実上の拘束力をもつとされている．

もっとも，憲法判例に法的拘束力を認める有力な見解もある．それによれば，判決理由で示された合憲または違憲の結論自体ではなく，「結論に至る上で直接必要とされる憲法規範的理由づけ」（＝レイシオ・デシデンダイ）に先例拘束性が認められることになる．その根拠は，日本国憲法の司法権がアメリカ流のものであることや法の下の平等（14条），公正な裁判の要請（32条），罪刑法定主義（32条）などに求められている．

憲法判例がどのような効力をもつにしても，場合によっては，それを変更することは可能であるというのが，有力な見解である．憲法の各条文は，一般的，抽象的な性格をもっており，社会の変化に憲法を適応させていく必要があると解されるからである．また，憲法の改正がきわめて困難なことも，判例変更の必要性を生じさせることになる．

第十章　最高法規

第九七条　この憲法が日本国民に保障する基本的人権は、人類の多年にわたる自由獲得の努力の成果であつて、これらの権利は過去幾多の試錬に堪へ、現在及び将来の国民に対し、侵すことのできない永久の権利として信託されたものである。

第九八条　この憲法は、国の最高法規であつて、その条規に反する法律、命令、詔勅及び国務に関するその他の行為の全部又は一部は、その効力を有しない。

日本国が締結した条約及び確立された国際法規は、これを誠実に遵守することを必要とする。

第九九条　天皇又は摂政及び国務大臣、国会議員、裁判官その他の公務員は、この憲法を尊重し擁護する義務を負ふ。

第十一章　補　則

第一〇〇条　この憲法は、公布の日から起算して六箇月を経過した日から、これを施行する。

この憲法を施行するために必要な法律の制定、参議院議員の選挙及び国会召集の手続並びにこの憲法を施行するために必要な準備手続は、前項の期日よりも前に、これを行ふことができる。

第一〇一条　この憲法施行の際、参議院がまだ成立していないときは、その成立するまでの間、衆議院は、国会としての権限を行ふ。

第一〇二条　この憲法による第一期の参議院議員のうち、その半数の者の任期は、これを三年とする。その議員は、法律の定めるところにより、これを定める。

第一〇三条　この憲法施行の際現に在職する国務大臣、衆議院議員及び裁判官並びにその他の公務員で、その地位に相応する地位がこの憲法で認められている者は、法律で特別の定をした場合を除いては、この憲法施行のため、当然にはその地位を失ふことはない。但し、この憲法によつて、後任者が選挙又は任命されたときは、当然その地位を失ふ。

若しくは団体の使用、便益若しくは維持のため、又は公の支配に属しない慈善、教育若しくは博愛の事業に対し、これを支出し、又はその利用に供してはならない。

第九〇条　国の収入支出の決算は、すべて毎年会計検査院がこれを検査し、内閣は、次の年度に、その検査報告とともに、これを国会に提出しなければならない。

会計検査院の組織及び権限は、法律でこれを定める。

第九一条　内閣は、国会及び国民に対し、定期に、少くとも毎年一回、国の財政状況について報告しなければならない。

第八章　地方自治

第九二条　地方公共団体の組織及び運営に関する事項は、地方自治の本旨に基いて、法律でこれを定める。

第九三条　地方公共団体には、法律の定めるところにより、その議事機関として議会を設置する。

地方公共団体の長、その議会の議員及び法律の定めるその他の吏員は、その地方公共団体の住民が、直接これを選挙する。

第九四条　地方公共団体は、その財産を管理し、事務を処理し、及び行政を執行する権能を有し、法律の範囲内で条例を制定することができる。

第九五条　一の地方公共団体のみに適用される特別法は、法律の定めるところにより、その地方公共団体の住民の投票においてその過半数の同意を得なければ、国会は、これを制定することができない。

第九章　改　正

第九六条　この憲法の改正は、各議院の総議員の三分の二以上の賛成で、国会が、これを発議し、国民に提案してその承認を経なければならない。この承認には、特別の国民投票又は国会の定める選挙の際行はれる投票において、その過半数の賛成を必要とする。

憲法改正について前項の承認を経たときは、天皇は、国民の名で、この憲法と一体を成すものとして、直ちにこれを公布する。

名した者の名簿によつて、内閣でこれを任命する。その裁判官は、任期を十年とし、再任されることができる。但し、法律の定める年齢に達した時には退官する。

下級裁判所の裁判官は、すべて定期に相当額の報酬を受ける。この報酬は、在任中、これを減額することができない。

第八一条　最高裁判所は、一切の法律、命令、規則又は処分が憲法に適合するかしないかを決定する権限を有する終審裁判所である。

第八二条　裁判の対審及び判決は、公開法廷でこれを行ふ。

裁判所が、裁判官の全員一致で、公の秩序又は善良の風俗を害する虞があると決した場合には、対審は、公開しないでこれを行ふことができる。但し、政治犯罪、出版に関する犯罪又はこの憲法第三章で保障する国民の権利が問題となつている事件の対審は、常にこれを公開しなければならない。

第七章　財　政

第八三条　国の財政を処理する権限は、国会の議決に基いて、これを行使しなければならない。

第八四条　あらたに租税を課し、又は現行の租税を変更するには、法律又は法律の定める条件によることを必要とする。

第八五条　国費を支出し、又は国が債務を負担するには、国会の議決に基くことを必要とする。

第八六条　内閣は、毎会計年度の予算を作成し、国会に提出して、その審議を受け議決を経なければならない。

第八七条　予見し難い予算の不足に充てるため、国会の議決に基いて予備費を設け、内閣の責任でこれを支出することができる。

すべて予備費の支出については、内閣は、事後に国会の承諾を得なければならない。

第八八条　すべて皇室財産は、国に属する。すべて皇室の費用は、予算に計上して国会の議決を経なければならない。

第八九条　公金その他の公の財産は、宗教上の組織

第七五条　国務大臣は、その在任中、内閣総理大臣の同意がなければ、訴追されない。但し、これがため、訴追の権利は、害されない。

第六章　司法

第七六条　すべて司法権は、最高裁判所及び法律の定めるところにより設置する下級裁判所に属する。

特別裁判所は、これを設置することができない。行政機関は、終審として裁判を行ふことができない。

すべて裁判官は、その良心に従ひ独立してその職権を行ひ、この憲法及び法律にのみ拘束される。

第七七条　最高裁判所は、訴訟に関する手続、弁護士、裁判所の内部規律及び司法事務処理に関する事項について、規則を定める権限を有する。

検察官は、最高裁判所の定める規則に従はなければならない。

最高裁判所は、下級裁判所に関する規則を定める権限を、下級裁判所に委任することができる。

第七八条　裁判官は、裁判により、心身の故障のために職務を執ることができないと決定された場合を除いては、公の弾劾によらなければ罷免されない。裁判官の懲戒処分は、行政機関がこれを行ふことはできない。

第七九条　最高裁判所は、その長たる裁判官及び法律の定める員数のその他の裁判官でこれを構成し、その長たる裁判官以外の裁判官は、内閣でこれを任命する。

最高裁判所の裁判官の任命は、その任命後初めて行はれる衆議院議員総選挙の際国民の審査に付し、その後十年を経過した後初めて行はれる衆議院議員総選挙の際更に審査に付し、その後も同様とする。

前項の場合において、投票者の多数が裁判官の罷免を可とするときは、その裁判官は罷免される。

審査に関する事項は、法律でこれを定める。

最高裁判所の裁判官は、法律の定める年齢に達した時に退官する。

最高裁判所の裁判官は、すべて定期に相当額の報酬を受ける。この報酬は、在任中、これを減額することができない。

第八〇条　下級裁判所の裁判官は、最高裁判所の指

場合に、法律の定めるところにより、両議院の協議会を開いても意見が一致しないとき、又は衆議院が指名の議決をした後、国会休会中の期間を除いて十日以内に、参議院が、指名の議決をしないときは、衆議院の議決を国会の議決とする。

第六八条　内閣総理大臣は、国務大臣を任命する。但し、その過半数は、国会議員の中から選ばれなければならない。

２　内閣総理大臣は、任意に国務大臣を罷免することができる。

第六九条　内閣は、衆議院で不信任の決議案を可決し、又は信任の決議案を否決したときは、十日以内に衆議院が解散されない限り、総辞職をしなければならない。

第七〇条　内閣総理大臣が欠けたとき、又は衆議院議員総選挙の後に初めて国会の召集があつたときは、内閣は、総辞職をしなければならない。

第七一条　前二条の場合には、内閣は、あらたに内閣総理大臣が任命されるまで引き続きその職務を行ふ。

第七二条　内閣総理大臣は、内閣を代表して議案を国会に提出し、一般国務及び外交関係について国会に報告し、並びに行政各部を指揮監督する。

第七三条　内閣は、他の一般行政事務の外、左の事務を行ふ。

一　法律を誠実に執行し、国務を総理すること。

二　外交関係を処理すること。

三　条約を締結すること。但し、事前に、時宜によつては事後に、国会の承認を経ることを必要とする。

四　法律の定める基準に従ひ、官吏に関する事務を掌理すること。

五　予算を作成して国会に提出すること。

六　この憲法及び法律の規定を実施するために、政令を制定すること。但し、政令には、特にその法律の委任がある場合を除いては、罰則を設けることができない。

七　大赦、特赦、減刑、刑の執行の免除及び復権を決定すること。

第七四条　法律及び政令には、すべて主任の国務大臣が署名し、内閣総理大臣が連署することを必要とする。

を妨げない。

参議院が、衆議院の可決した法律案を受け取つた後、国会休会中の期間を除いて六十日以内に、議決しないときは、衆議院は、参議院がその法律案を否決したものとみなすことができる。

第六〇条　予算は、さきに衆議院に提出しなければならない。

予算について、参議院で衆議院と異なつた議決をした場合に、法律の定めるところにより、両議院の協議会を開いても意見が一致しないとき、又は参議院が、衆議院の可決した予算を受け取つた後、国会休会中の期間を除いて三十日以内に、議決しないときは、衆議院の議決を国会の議決とする。

第六一条　条約の締結に必要な国会の承認については、前条第二項の規定を準用する。

第六二条　両議院は、各々国政に関する調査を行ひ、これに関して、証人の出頭及び証言並びに記録の提出を要求することができる。

第六三条　内閣総理大臣その他の国務大臣は、両議院の一に議席を有すると有しないとにかかはらず、何時でも議案について発言するため議院に出席することができる。又、答弁又は説明のため出席を求められたときは、出席しなければならない。

第六四条　国会は、罷免の訴追を受けた裁判官を裁判するため、両議院の議員で組織する弾劾裁判所を設ける。

弾劾に関する事項は、法律でこれを定める。

第五章　内　閣

第六五条　行政権は、内閣に属する。

第六六条　内閣は、法律の定めるところにより、その首長たる内閣総理大臣及びその他の国務大臣でこれを組織する。

内閣総理大臣その他の国務大臣は、文民でなければならない。

内閣は、行政権の行使について、国会に対し連帯して責任を負ふ。

第六七条　内閣総理大臣は、国会議員の中から国会の議決で、これを指名する。この指名は、他のすべての案件に先だつて、これを行ふ。

衆議院と参議院とが異なつた指名の議決をした

閉会となる。但し、内閣は、国に緊急の必要があるときは、参議院の緊急集会を求めることができる。

前項但書の緊急集会において採られた措置は、臨時のものであつて、次の国会開会の後十日以内に、衆議院の同意がない場合には、その効力を失ふ。

第五五条　両議院は、各々その議員の資格に関する争訟を裁判する。但し、議員の議席を失はせるには、出席議員の三分の二以上の多数による議決を必要とする。

第五六条　両議院は、各々その総議員の三分の一以上の出席がなければ、議事を開き議決することができない。

両議院の議事は、この憲法に特別の定のある場合を除いては、出席議員の過半数でこれを決し、可否同数のときは、議長の決するところによる。

第五七条　両議院の会議は、公開とする。但し、出席議員の三分の二以上の多数で議決したときは、秘密会を開くことができる。

両議院は、各々その会議の記録を保存し、秘密会の記録の中で特に秘密を要すると認められるもの以外は、これを公表し、且つ一般に頒布しなければならない。

出席議員の五分の一以上の要求があれば、各議員の表決は、これを会議録に記載しなければならない。

第五八条　両議院は、各々その議長その他の役員を選任する。

両議院は、各々その会議その他の手続及び内部の規律に関する規則を定め、又、院内の秩序をみだした議員を懲罰することができる。但し、議員を除名するには、出席議員の三分の二以上の多数による議決を必要とする。

第五九条　法律案は、この憲法に特別の定のある場合を除いては、両議院で可決したとき法律となる。

衆議院で可決し、参議院でこれと異なつた議決をした法律案は、衆議院で出席議員の三分の二以上の多数で再び可決したときは、法律となる。

前項の規定は、法律の定めるところにより、衆議院が、両議院の協議会を開くことを求めること

第四章　国会

第四一条　国会は、国権の最高機関であつて、国の唯一の立法機関である。

第四二条　国会は、衆議院及び参議院の両議院でこれを構成する。

第四三条　両議院は、全国民を代表する選挙された議員でこれを組織する。
両議院の議員の定数は、法律でこれを定める。

第四四条　両議院の議員及びその選挙人の資格は、法律でこれを定める。但し、人種、信条、性別、社会的身分、門地、教育、財産又は収入によつて差別してはならない。

第四五条　衆議院議員の任期は、四年とする。但し、衆議院解散の場合には、その期間満了前に終了する。

第四六条　参議院議員の任期は、六年とし、三年ごとに議員の半数を改選する。

第四七条　選挙区、投票の方法その他両議院の議員の選挙に関する事項は、法律でこれを定める。

第四八条　何人も、同時に両議院の議員たることはできない。

第四九条　両議院の議員は、法律の定めるところにより、国庫から相当額の歳費を受ける。

第五〇条　両議院の議員は、法律の定める場合を除いては、国会の会期中逮捕されず、会期前に逮捕された議員は、その議院の要求があれば、会期中これを釈放しなければならない。

第五一条　両議院の議員は、議院で行つた演説、討論又は表決について、院外で責任を問はれない。

第五二条　国会の常会は、毎年一回これを召集する。

第五三条　内閣は、国会の臨時会の召集を決定することができる。いづれかの議院の総議員の四分の一以上の要求があれば、内閣は、その召集を決定しなければならない。

第五四条　衆議院が解散されたときは、解散の日から四十日以内に、衆議院議員の総選挙を行ひ、その選挙の日から三十日以内に、国会を召集しなければならない。
衆議院が解散されたときは、参議院は、同時に

第三三条　何人も、現行犯として逮捕される場合を除いては、権限を有する司法官憲が発し、且つ理由となつている犯罪を明示する令状によらなければ、逮捕されない。

第三四条　何人も、理由を直ちに告げられ、且つ、直ちに弁護人に依頼する権利を与へられなければ、抑留又は拘禁されない。又、何人も、正当な理由がなければ、拘禁されず、要求があれば、その理由は、直ちに本人及びその弁護人の出席する公開の法廷で示されなければならない。

第三五条　何人も、その住居、書類及び所持品について、侵入、捜索及び押収を受けることのない権利は、第三十三条の場合を除いては、正当な理由に基いて発せられ、且つ捜索する場所及び押収する物を明示する令状がなければ、侵されない。
捜索又は押収は、権限を有する司法官憲が発する各別の令状により、これを行ふ。

第三六条　公務員による拷問及び残虐な刑罰は、絶対にこれを禁ずる。

第三七条　すべて刑事事件においては、被告人は、公平な裁判所の迅速な公開裁判を受ける権利を有する。
刑事被告人は、すべての証人に対して審問する機会を充分に与へられ、又、公費で自己のために強制的手続により証人を求める権利を有する。
刑事被告人は、いかなる場合にも、資格を有する弁護人を依頼することができない。被告人が自らこれを依頼することができないときは、国でこれを附する。

第三八条　何人も、自己に不利益な供述を強要されない。
強制、拷問若しくは脅迫による自白又は不当に長く抑留若しくは拘禁された後の自白は、これを証拠とすることができない。
何人も、自己に不利益な唯一の証拠が本人の自白である場合には、有罪とされ、又は刑罰を科せられない。

第三九条　何人も、実行の時に適法であつた行為又は既に無罪とされた行為については、刑事上の責任を問はれない。又、同一の犯罪について、重ねて刑事上の責任を問はれない。

第四〇条　何人も、抑留又は拘禁された後、無罪の

第二十二条　何人も、公共の福祉に反しない限り、居住、移転及び職業選択の自由を有する。

何人も、外国に移住し、又は国籍を離脱する自由を侵されない。

第二十三条　学問の自由は、これを保障する。

第二十四条　婚姻は、両性の合意のみに基いて成立し、夫婦が同等の権利を有することを基本として、相互の協力により、維持されなければならない。

配偶者の選択、財産権、相続、住居の選定、離婚並びに婚姻及び家族に関するその他の事項に関しては、法律は、個人の尊厳と両性の本質的平等に立脚して、制定されなければならない。

第二十五条　すべて国民は、健康で文化的な最低限度の生活を営む権利を有する。

国は、すべての生活部面について、社会福祉、社会保障及び公衆衛生の向上及び増進に努めなければならない。

第二十六条　すべて国民は、法律の定めるところにより、その能力に応じて、ひとしく教育を受ける権利を有する。

すべて国民は、法律の定めるところにより、その保護する子女に普通教育を受けさせる義務を負ふ。義務教育は、これを無償とする。

第二十七条　すべて国民は、勤労の権利を有し、義務を負ふ。

賃金、就業時間、休息その他の勤労条件に関する基準は、法律でこれを定める。

児童は、これを酷使してはならない。

第二十八条　勤労者の団結する権利及び団体交渉その他の団体行動をする権利は、これを保障する。

第二十九条　財産権は、これを侵してはならない。

財産権の内容は、公共の福祉に適合するやうに、法律でこれを定める。

私有財産は、正当な補償の下に、これを公共のために用ひることができる。

第三十条　国民は、法律の定めるところにより、納税の義務を負ふ。

第三十一条　何人も、法律の定める手続によらなければ、その生命若しくは自由を奪はれ、又はその他の刑罰を科せられない。

第三十二条　何人も、裁判所において裁判を受ける権利を奪はれない。

第一四条　すべて国民は、法の下に平等であつて、人種、信条、性別、社会的身分又は門地により、政治的、経済的又は社会的関係において、差別されない。

華族その他の貴族の制度は、これを認めない。

栄誉、勲章その他の栄典の授与は、いかなる特権も伴はない。栄典の授与は、現にこれを有し、又は将来これを受ける者の一代に限り、その効力を有する。

第一五条　公務員を選定し、及びこれを罷免することは、国民固有の権利である。

すべて公務員は、全体の奉仕者であつて、一部の奉仕者ではない。

公務員の選挙については、成年者による普通選挙を保障する。

すべて選挙における投票の秘密は、これを侵してはならない。選挙人は、その選択に関し公的にも私的にも責任を問はれない。

第一六条　何人も、損害の救済、公務員の罷免、法律、命令又は規則の制定、廃止又は改正その他の事項に関し、平穏に請願する権利を有し、何人も、かかる請願をしたためにいかなる差別待遇も受けない。

第一七条　何人も、公務員の不法行為により、損害を受けたときは、法律の定めるところにより、国又は公共団体に、その賠償を求めることができる。

第一八条　何人も、いかなる奴隷的拘束も受けない。又、犯罪に因る処罰の場合を除いては、その意に反する苦役に服させられない。

第一九条　思想及び良心の自由は、これを侵してはならない。

第二〇条　信教の自由は、何人に対してもこれを保障する。いかなる宗教団体も、国から特権を受け、又は政治上の権力を行使してはならない。

何人も、宗教上の行為、祝典、儀式又は行事に参加することを強制されない。

国及びその機関は、宗教教育その他いかなる宗教的活動もしてはならない。

第二一条　集会、結社及び言論、出版その他一切の表現の自由は、これを保障する。

検閲は、これをしてはならない。通信の秘密は、これを侵してはならない。

二　国会を召集すること。
三　衆議院を解散すること。
四　国会議員の総選挙の施行を公示すること。
五　国務大臣及び法律の定めるその他の官吏の任免並びに全権委任状及び大使及び公使の信任状を認証すること。
六　大赦、特赦、減刑、刑の執行の免除及び復権を認証すること。
七　栄典を授与すること。
八　批准書及び法律の定めるその他の外交文書を認証すること。
九　外国の大使及び公使を接受すること。
十　儀式を行ふこと。

第二章　戦争の放棄

第九条　日本国民は、正義と秩序を基調とする国際平和を誠実に希求し、国権の発動たる戦争と、武力による威嚇又は武力の行使は、国際紛争を解決する手段としては、永久にこれを放棄する。前項の目的を達するため、陸海空軍その他の戦力は、これを保持しない。国の交戦権は、これを認めない。

第三章　国民の権利及び義務

第一〇条　日本国民たる要件は、法律でこれを定める。

第一一条　国民は、すべての基本的人権の享有を妨げられない。この憲法が国民に保障する基本的人権は、侵すことのできない永久の権利として、現在及び将来の国民に与へられる。

第一二条　この憲法が国民に保障する自由及び権利は、国民の不断の努力によつて、これを保持しなければならない。又、国民は、これを濫用してはならないのであつて、常に公共の福祉のためにこれを利用する責任を負ふ。

第一三条　すべて国民は、個人として尊重される。生命、自由及び幸福追求に対する国民の権利については、公共の福祉に反しない限り、立法その他の国政の上で、最大の尊重を必要とする。

係を支配する崇高な理想を深く自覚するのであつて、平和を愛する諸国民の公正と信義に信頼して、われらの安全と生存を保持しようと決意した。われらは、平和を維持し、専制と隷従、圧迫と偏狭を地上から永遠に除去しようと努めている国際社会において、名誉ある地位を占めたいと思ふ。われらは、全世界の国民が、ひとしく恐怖と欠乏から免かれ、平和のうちに生存する権利を有することを確認する。

われらは、いづれの国家も、自国のことのみに専念して他国を無視してはならないのであつて、政治道徳の法則は、普遍的なものであり、この法則に従ふことは、自国の主権を維持し、他国と対等関係に立たうとする各国の責務であると信ずる。

日本国民は、国家の名誉にかけ、全力をあげてこの崇高な理想と目的を達成することを誓ふ。

第一章　天　皇

第一条　天皇は、日本国の象徴であり日本国民統合の象徴であつて、この地位は、主権の存する日本国民の総意に基く。

第二条　皇位は、世襲のものであつて、国会の議決した皇室典範の定めるところにより、これを継承する。

第三条　天皇の国事に関するすべての行為には、内閣の助言と承認を必要とし、内閣が、その責任を負ふ。

第四条　天皇は、この憲法の定める国事に関する行為のみを行ひ、国政に関する権能を有しない。

天皇は、法律の定めるところにより、その国事に関する行為を委任することができる。

第五条　皇室典範の定めるところにより摂政を置くときは、摂政は、天皇の名でその国事に関する行為を行ふ。この場合には、前条第一項の規定を準用する。

第六条　天皇は、国会の指名に基いて、内閣総理大臣を任命する。

天皇は、内閣の指名に基いて、最高裁判所の長たる裁判官を任命する。

第七条　天皇は、内閣の助言と承認により、国民のために、左の国事に関する行為を行ふ。

一　憲法改正、法律、政令及び条約を公布すること。

日本国憲法

朕は、日本国民の総意に基いて、新日本建設の礎が、定まるに至つたことを、深くよろこび、枢密顧問の諮詢及び帝国憲法第七十三条による帝国議会の議決を経た帝国憲法の改正を裁可し、ここにこれを公布せしめる。

御名　御璽

昭和二十一年十一月三日

内閣総理大臣兼
外務大臣　　　　　　吉田　茂
国務大臣　男爵　　　幣原喜重郎
司法大臣　　　　　　木村篤太郎
内務大臣　　　　　　大村清一
文部大臣　　　　　　田中耕太郎
農林大臣　　　　　　和田博雄
国務大臣　　　　　　斎藤隆夫
逓信大臣　　　　　　一松定吉
商工大臣　　　　　　星島二郎
厚生大臣　　　　　　河合良成
国務大臣　　　　　　植原悦二郎
運輸大臣　　　　　　平塚常次郎
大蔵大臣　　　　　　石橋湛山
国務大臣　　　　　　金森徳次郎
国務大臣　　　　　　膳桂之助

日本国憲法

日本国民は、正当に選挙された国会における代表者を通じて行動し、われらとわれらの子孫のために、諸国民との協和による成果と、わが国全土にわたつて自由のもたらす恵沢を確保し、政府の行為によつて再び戦争の惨禍が起ることのないやうにすることを決意し、ここに主権が国民に存することを宣言し、この憲法を確定する。そもそも国政は、国民の厳粛な信託によるものであつて、その権威は国民に由来し、その権力は国民の代表者がこれを行使し、その福利は国民がこれを享受する。これは人類普遍の原理であり、この憲法は、かかる原理に基くものである。われらは、これに反する一切の憲法、法令及び詔勅を排除する。

日本国民は、恒久の平和を念願し、人間相互の関

資　　料

《著者紹介》
平野　武（ひらの たけし）：龍谷大学名誉教授　第1・2・3章・5章1
片山智彦（かたやま ともひこ）：福井県立大学学術教養センター教授　第6・8・10章
奥野恒久（おくの つねひさ）：龍谷大学政策学部教授　第4・5章2, 3・7章・9章

改訂版
はじめての憲法

2011年10月30日　初版第1刷発行	＊定価はカバーに
2013年 4月15日　初版第2刷発行	表示してあります
2018年 5月30日　改訂版第1刷発行	

著者の了解により検印省略	著　者	平　野　　　武
		片　山　智　彦Ⓒ
		奥　野　恒　久
	発行者	植　田　　　実
	印刷者	河　野　俊一郎

発行所　株式会社　晃洋書房

〒615-0026　京都市右京区西院北矢掛町7番地
電話　075(312)0788番代
振替口座　01040-6-32280

装丁　クリエイティブ・コンセプト　　印刷・製本　西濃印刷㈱

ISBN978-4-7710-3066-4

林 尚之著
近代日本立憲主義と制憲思想
A 5 判／216頁
定価　本体4,000円（税別）

角田猛之著
第 3 版
法　　の　　世　　界
——PHILOSOPHY・SOCIETY・CULTURE——
A 5 判／162頁
定価　本体1,800円（税別）

橋木純二・金谷重樹・吉川寿一編著
改訂版
新　・　学　習　憲　法
A 5 判／188頁
定価　本体1,700円（税別）

佐藤潤一著
平　　和　　と　　人　　権
——憲法と国際人権法の交錯——
A 5 判／238頁
定価　本体2,800円（税別）

畑中綾子著
医療事故の原因究明と責任追及をめぐる医療と司法の対立
——被害者救済に対する司法の積極的な役割の歴史と未来展望——
A 5 判／168頁
定価　本体3,400円（税別）

竹下　賢・角田猛之・沼口智則・竹村和也編著
第 5 版
入　　門　　法　　学
——現代社会の羅針盤——
A 5 判／234頁
定価　本体2,500円（税別）

春日　修著
当事者訴訟の機能と展開
——その歴史と行訴法改正以降の利用場面——
A 5 判／240頁
定価　本体3,800円（税別）

橋本誠一著
明　治　初　年　の　裁　判
——垂直的手続構造から水平的手続構造へ——
A 5 判／326頁
定価　本体6,800円（税別）

角田猛之・市原靖久・亀本　洋編著
法理論をめぐる現代的諸問題
——法・道徳・文化の重層性——
A 5 判／316頁
定価　本体6,800円（税別）

━━━━━ 晃　洋　書　房 ━━━━━